Escritura para el Examen GED®

4

Ejercicios de práctica para respuestas extensas y respuestas cortas

New Readers Press
ProLiteracy's publishing division

Escritura para el examen GED®
Ejercicios de práctica para respuestas extensas y respuestas cortas
ISBN 978-1-56420-199-7

New Readers Press
ProLiteracy's Publishing Division
308 Maltbie Street, Suite 100, Syracuse, New York 13204
www.newreaderspress.com

Printed in the United States of America
10 9 8 7 6 5 4 3

Proceeds from the sale of New Readers Press materials support professional development, training, and technical assistance programs of ProLiteracy that benefit local literacy programs in the U.S. and around the globe.

Contributing Editor: Steven Schmidt
Editorial Director: Terrie Lipke
Technology Specialist: Maryellen Casey
Designer: Carolyn Wallace
Spanish Translation: Futuro Sólido USA, LLC
Spanish Review: Tri-Lin Integrated Services, Inc.

Índice

RESPUESTA EXTENSA DEL EXAMEN DE RAZONAMIENTO A TRAVÉS DE LAS ARTES DEL LENGUAJE

El examen de Razonamiento a través de las Artes del Lenguaje de GED® incluye un tema para redactar con respuesta extensa. Se le pedirá que lea uno o más pasajes y luego que escriba sobre ellos. En el examen de Razonamiento a través de las Artes del Lenguaje, los pasajes serán argumentos. El tema para redactar le pedirá que analice los argumentos y que luego determine cuál es el más sólido. Deberá citar evidencias relevantes y específicas de los pasajes para apoyar su respuesta. Revise la guía de calificación de la página 108 para saber cómo se calificará su respuesta.

Para prepararse para el examen, anote cuánto tiempo tarda en escribir las respuestas. Tendrá 45 minutos para completar la respuesta extensa del examen de Razonamiento a través de las Artes del Lenguaje.

Examen de Razonamiento a través de las Artes del Lenguaje: 45 minutos en total

1. Leer y analizar: 15 minutos
2. Planificar y escribir: 25 minutos
3. Corregir y revisar: 5 minutos

Cuando termine de escribir la respuesta, revise la guía de calificación. En las respuestas y ejemplos que aparecen a partir de la página 109, encontrará notas sobre lo que debe incluir una buena respuesta.

A continuación se describen algunos consejos para obtener una calificación mayor en las preguntas de respuesta extensa.

- Escriba ensayos que tengan entre 4 y 7 párrafos y de 300 a 500 palabras de extensión.
- Parafrasee la evidencia en vez de citarla textualmente.
- Concéntrese en desarrollar completamente dos o tres ideas principales con evidencias que las respalden.
- Escriba respuestas con base en la información de los temas para redactar, no en su opinión personal.

1: Tatuajes

Tatuajes: la mejor manera de expresarse

Por Ron Johnson

Antes solo se veían en marineros, prisioneros y rebeldes; ahora los tatuajes se ven por todas partes. De acuerdo con la Administración de Alimentos y Medicamentos de los Estados Unidos, alrededor de 45 millones de estadounidenses tienen tatuajes y actualmente existen más de 4,000 centros de tatuaje en todo el país. Como tatuador, puedo decirle que existen muchísimas buenas razones para hacerse uno.

Los tatuajes son una excelente manera de expresarse y de contarle al mundo quién es usted realmente. Los tatuajes pueden mostrar su personalidad individual o su vínculo con un grupo determinado. Si conoce a alguien con un tatuaje, esa persona nunca le resultará un desconocido. Los tatuajes sirven para entablar espontáneamente una conversación y generan la posibilidad de compartir el significado que hay detrás de la obra de arte.

Los tatuajes son también un método excelente para conmemorar a una persona o un acontecimiento. ¿Qué mejor manera para demostrar el amor por otra persona que llevar tatuado su nombre en el cuerpo? Muchas personas se los hacen para marcar un acontecimiento importante en sus vidas, como cumplir determinada edad, casarse o ganarle la batalla al cáncer. Un tatuaje para honrar la memoria de una persona significa que siempre la llevará consigo a donde vaya.

Si cree que tener un tatuaje le generará problemas en el lugar de trabajo, se equivoca. John Challenger, director ejecutivo de una empresa de consultoría, señala que la mayoría de los empleadores se fijan más en las destrezas de los empleados potenciales que en su apariencia. Challenger agrega: "Incluso en este difícil mercado laboral, la mayoría de las compañías no considerarán a las personas tatuadas con demasiada severidad. Las compañías tienen un interés particular en contratar a los candidatos más calificados".

A diferencia de los antiguos tatuadores clandestinos del pasado, los artistas del tatuaje de hoy en día trabajan en centros seguros y limpios. La mayoría son artistas altamente capacitados con muchos años de experiencia. Por una pequeña suma de dinero, pueden transformar su cuerpo en una bellísima obra de arte, a la vez que le permitirán vivir una experiencia singular que nunca olvidará.

Piénselo bien antes de tatuarse

Por Leeanne Padowski

Si bien los tatuajes están cobrando cada vez más popularidad, le recomiendo firmemente que no se haga uno. Trabajo como gerente de personal en una gran tienda minorista. Si quiere conseguir trabajo en nuestra tienda y tiene un tatuaje, es posible que se lleve una sorpresa. La política de nuestra compañía establece que los empleados que trabajan en atención al cliente no pueden tener tatuajes visibles. No somos la única compañía que tiene este tipo de políticas, puesto que muchas otras grandes empresas y el ejército tienen normas que restringen los tatuajes visibles. Un estudio realizado por CareerBuilder en el año 2011 reveló que el 31 por ciento de los empleadores encuestados sostienen que un tatuaje visible es el principal atributo personal que los haría cambiar de opinión al considerar el ascenso de un empleado.

Nuestros empleados que tienen tatuajes se enfrentan a dos opciones. Algunos usan camisas de manga larga y con cuello alto para cubrir los tatuajes que llevan en el cuello y los brazos. Otros se someten a un largo proceso de eliminación que podría llevar muchas visitas al dermatólogo y costar miles de dólares. La eliminación de tatuajes es dolorosa. Se suele describir como la sensación que provocaría volcarse aceite caliente sobre la piel.

Además, conviene considerar los riesgos que supone para la salud hacerse un tatuaje. Según la Clínica Mayo, los tatuajes pueden provocar infecciones en la piel además de reacciones alérgicas que pueden presentarse incluso años después de haberse tatuado. Si la aguja que usa el tatuador está contaminada, corre el riesgo de contagiarse de enfermedades sanguíneas graves, como tétanos y hepatitis B y C. Los tatuajes también pueden provocar queloides, que son protuberancias sobre la piel creadas por el aumento excesivo de tejido cicatrizado.

Por último, piénselo bien antes de tatuarse. Un estudio reciente demostró que dos de cada cinco personas se arrepienten de haberse hecho un tatuaje. Por ejemplo, el actor de Hollywood Johnny Depp, que se tatuó la frase "Por siempre Winona" en honor de su entonces novia Winona Ryder. Cuando se separaron, Depp se vio obligado a borrar una parte de su tatuaje. Ahora solo dice "Por siempre Wino".

Tema para redactar

El artículo de Ron Johnson describe los beneficios de hacerse un tatuaje, mientras que el artículo de Leeanne Padowski identifica las desventajas.

En su respuesta, analice las dos opiniones presentadas en los artículos para determinar cuál tiene mejor fundamento. Use información relevante y específica de los artículos para apoyar su respuesta.

Puede tardar aproximadamente 45 minutos en completar esta tarea.

Recuadro de planificación

2: Salario mínimo

Hagamos que el salario mínimo sea un salario suficiente

Ira Knight, discurso en un mitin político, East Township, Maine, 22 de septiembre de 2014

Cuando era adolescente, trabajaba en un restaurante de comida rápida y ganaba el salario mínimo. Era un excelente trabajo para aprender destrezas de servicio al cliente y adquirir experiencia laboral. De acuerdo con la Agencia de Estadísticas Laborales de los Estados Unidos, más de 3.8 millones de empleados actualmente tienen empleos donde ganan el salario mínimo. Algunos de mis compañeros eran como yo, adolescentes en su primer empleo. Otros eran trabajadores retirados que buscaban complementar los ingresos del Seguro Social, mientras que otros eran personas de bajos recursos que se esforzaban para pagar sus cuentas a fin de mes. Para ayudar a todos estos trabajadores y mejorar nuestra economía, el gobierno estadounidense debería aumentar el salario mínimo.

Esto ayudaría a mejorar la economía de los Estados Unidos. Un estudio de 2011 del Banco de la Reserva Federal de Chicago concluyó que el salario mínimo genera un incremento en el gasto del consumidor, en especial, en la compra de automóviles. El estudio también demostraba que, por cada dólar que se aumentaba el salario mínimo, se generaban nuevos gastos en el hogar por valor de $2,800 en el siguiente año. Otro estudio señaló que, en los primeros seis meses de 2014, los estados que aumentaron su salario mínimo experimentaron mayor crecimiento en el empleo que los que lo congelaron. Es decir que, en lugar de generar desempleo, como algunos sostienen, aumentar el salario mínimo en realidad genera puestos de trabajo.

Por último, aumentar el salario mínimo ayudaría a la clase trabajadora de menos recursos en los Estados Unidos. Un estudio reciente de la Universidad de Massachusetts Amherst concluyó que aumentar el salario mínimo sacaría a 4.5 millones de estadounidenses de la pobreza. Un estudio realizado en 2014 por el Centro para el Progreso de los Estados Unidos señaló que un aumento en el salario mínimo sacaría a 3.5 millones de personas del Programa Complementario de Asistencia Nutricional (anteriormente conocido como "estampillas de comida"). Esto a su vez beneficiaría al gobierno estadounidense, porque si hay menos personas que reciben asistencia gubernamental, habrá más ahorros para todos los contribuyentes de impuestos.

Mantengamos el salario mínimo tal como está

Janice Steele, *Huntington Post,* 17 de octubre de 2014

Aparentemente, cada vez que se acerca una elección, los políticos hablan sobre aumentar el salario mínimo. Si bien parece que esto los beneficiaría, termina perjudicando a las mismas personas que se supone que ayudaría: los trabajadores. También es perjudicial para los consumidores, la economía y las pequeñas empresas.

Aumentar el salario mínimo resultará un desastre para los trabajadores. Las empresas solo tienen una cierta cantidad de dinero disponible para pagarles a sus empleados. Reaccionarán al incremento de una de las siguientes dos maneras: despedirán a algunos de sus trabajadores o les darán menos horas de trabajo. En ambos casos, los trabajadores ganarán menos dinero con un salario más elevado del que ganarían si el salario mínimo se mantuviera igual. Un informe de 2014 de la Oficina de Presupuesto del Congreso estimó que si el salario mínimo aumentara $1.75, se perderían más de 100,000 empleos en todo el país. Un aumento de $2.85 le costaría el empleo a medio millón de personas.

Las pequeñas empresas, que forman el corazón del país, también resultarían dañadas. La mayoría de los empleados que ganan salario mínimo trabajan en pequeñas empresas con menos de 500 personas. La Fundación de Investigación de la Federación Nacional de Empresas Independientes descubrió que el aumento del salario mínimo provocaría que los estados pierdan 47,000 puestos de trabajo en promedio. Más de dos tercios de estos empleos se perderían en las pequeñas empresas dado que una gran parte de sus ganancias se destinan a los salarios de los trabajadores.

No solo los trabajadores y pequeñas empresas sufrirían, sino que un aumento del salario mínimo también sería perjudicial para los consumidores y la economía. El costo de operar un negocio se eleva a medida que se incrementa el salario mínimo. Para mantener sus márgenes de ganancias, la mayoría de las empresas trasladarán esos costos más elevados a los consumidores a través de precios más altos. A medida que los precios suban, los consumidores comprarán menos. Esto podría provocar una recesión generando aún más desempleo para los trabajadores que ganan salario mínimo.

Tema para redactar

El discurso de Ira Knight describe los beneficios de aumentar el salario mínimo; en tanto que el artículo de Janice Steele discrepa sobre los efectos que tendría sobre los trabajadores y la economía.

En su respuesta, analice el discurso y el artículo para determinar cuál opinión tiene mejor fundamento. Use información relevante y específica de las fuentes para apoyar su respuesta.

Puede tardar aproximadamente 45 minutos en completar esta tarea.

Recuadro de planificación

3: Videojuegos violentos

Los videojuegos violentos perjudican a nuestros hijos

J. Ramirez, *Clinton Village News,* 1.º de marzo de 2013

Existe una relación directa entre los videojuegos violentos y la conducta violenta en los jóvenes.

Desafortunadamente, los reiterados ataques con armas en escuelas de los que escuchamos con tanta frecuencia son cometidos por jóvenes que jugaban horas interminables con videojuegos violentos. Los dos atacantes responsables de la masacre en la escuela preparatoria Columbine en 1999 eran fanáticos de Doom y Mortal Kombat, juegos que recompensan por matar. El atacante de Sandy Hook, Adam Lanza, adoraba el juego de guerra Call of Duty. A James Holmes, el joven que cometió los asesinatos en el cine de Aurora, Colorado, también le encantaban los videojuegos sangrientos. Para evitar más asesinatos, los videojuegos violentos se deberían prohibir.

Además de estos ejemplos, en 2006 se produjo un hecho que mostró un vínculo aún más directo entre los videojuegos y la violencia en la vida real. Devin Moore, un adolescente de Alabama, fue arrestado por la policía local ante la sospecha de que había robado un automóvil. Mientras estaba detenido en la estación de policía, repentinamente atacó a un oficial, le robó su arma y la usó para matar a otros dos policías y a un telefonista del 911. Luego, robó una patrulla y huyó. Moore no tenía antecedentes criminales. Entonces, ¿dónde aprendió esta conducta? Pasaba más de 10 horas por semana jugando a Grand Theft Auto, un videojuego en el que los participantes le disparan a la policía y roban automóviles.

Nuestras fuerzas armadas creen firmemente que los videojuegos se pueden usar para entrenar a las personas para matar. El ejército de los Estados Unidos usa los videojuegos para reclutar a sus futuros soldados y entrenarlos para el combate. Juegos como Virtual Battlespace 2 brindan entornos de apariencia sumamente real para entrenar a los soldados para matar. Estos juegos logran desensibilizar a los futuros soldados frente a la violencia para que les resulte más fácil disparar a matar una vez que se hallen en un combate. Los entrenadores militares suelen decir que los videojuegos no solo les enseñan a los soldados a pensar, sino a cómo hacerlo. Por ende, si los militares piensan que los videojuegos violentos son tan poderosos como para enseñarles a hombres y mujeres jóvenes a pensar, en realidad nos estaríamos engañando si creemos que solo son una forma de entretenimiento.

Los videojuegos violentos son una diversión inofensiva

Editorial del *Clinton Village News*, 9 de marzo de 2013

El artículo "Los videojuegos violentos perjudican a nuestros hijos" intenta asustarnos y hacernos creer que los videojuegos son destructivos para los jóvenes. Sin embargo, no generan violencia y por lo tanto, no deberían ser prohibidos.

No hay vínculo entre los videojuegos violentos y la violencia en los jóvenes. Entre 1995 y 2008, se produjo una disminución sorprendente de la violencia juvenil en todo el país. La cantidad de jóvenes arrestados que habían cometido crímenes violentos se redujo a la mitad. Durante el mismo período, los videojuegos cobraron una gran popularidad y las ventas al día de hoy se cuadriplicaron con respecto a las cifras de mediados de 1990. Si los que sostienen que los videojuegos aumentan la violencia juvenil están en lo cierto, veríamos un incremento en la violencia a consecuencia del aumento en las ventas de videojuegos violentos. No obstante, observamos lo contrario.

Al parecer, cada vez que se produce un tiroteo en una escuela, los medios de comunicación se apresuran en culpar a los videojuegos violentos por las acciones del atacante. En un estudio realizado en 2004, el Servicio Secreto de los Estados Unidos determinó que solo a uno de cada ocho atacantes de las escuelas le interesaba los videojuegos violentos. Su interés por las películas, libros y artículos escritos por ellos mismos con la temática de la violencia era mucho más notable que por los videojuegos. Un grupo de investigadores de Harvard descubrió que, para los adolescentes de hoy en día, los videojuegos son un rito de iniciación, y solo los jóvenes que jugaban más de 15 horas por semana demostraron conductas agresivas.

Demos más crédito a nuestros hijos por su inteligencia. Ellos entienden la diferencia entre la fantasía y la realidad. Se dan cuenta de que no pueden actuar en la vida real como lo hacen cuando juegan juegos de guerra y acción. En lugar de aumentar la violencia, estos juegos generan un escape seguro para que los niños liberen su agresividad y aprendan a controlar sus emociones. En el pasado, los alarmistas pensaban que la radio, las películas y la televisión aumentarían la violencia en los jóvenes. Resultó no ser así y los videojuegos violentos tampoco lo hacen.

Tema para redactar

El artículo de J. Ramirez relaciona los videojuegos violentos con la violencia juvenil, mientras que el editorial desarrolla una opinión contraria.

En su respuesta, analice las dos opiniones para determinar cuál tiene mejor fundamento. Use información relevante y específica del artículo y el editorial para apoyar su respuesta.

Puede tardar aproximadamente 45 minutos en completar esta tarea.

Recuadro de planificación

4: Exámenes para detectar drogas

Los beneficiarios de prestaciones sociales deberían ser sometidos a exámenes para detectar drogas

Editorial del *Santa Fe County Gazette*, 6 de enero de 2015

Cada año, el gobierno de los Estados Unidos proporciona 1 billón de dólares en asistencia a familias de bajos ingresos mediante los beneficios sociales. Programas como Asistencia temporal para familias necesitadas (TANF) y el Programa de asistencia nutricional complementaria (SNAP), ofrecen a los beneficiarios de bajos ingresos dinero en efectivo para cubrir los gastos de alimentos, vestimenta, vivienda y otras necesidades. Opino firmemente que cualquiera que reciba beneficios sociales debería someterse a un examen para detectar drogas para poder obtenerlos. Así se aseguraría de que los beneficiarios no consuman drogas ilegales, que la asistencia financiera se destine a quienes más la necesitan y que los programas de beneficios sociales permitan ahorrar dinero a los contribuyentes.

Los exámenes aleatorios de detección ayudarían a los beneficiarios de la asistencia a superar el consumo problemático de sustancias. Identificarían a las personas que necesitan ayuda y se les ofrecería un tratamiento. En lugar de darles dinero que sería usado para comprar más drogas, los adictos no recibirían los beneficios hasta que dejaran de consumir drogas ilegales. Abandonar el consumo de drogas mejoraría sus oportunidades laborales y su calidad de vida en general.

Los exámenes para detectar drogas obligatorios garantizan que las prestaciones sociales se asignen correctamente y que las familias de menos recursos puedan recuperarse. Los consumidores de drogas ilegales no deberían poder usar los beneficios gubernamentales que se pagan con dinero de los contribuyentes para comprar drogas. Ese dinero debería usarse para comprar alimentos y proporcionar viviendas a sus familias. La creación de una norma sobre los exámenes para detectar drogas en realidad tiene el objetivo de proteger a los niños. Al garantizar que el dinero de las prestaciones sociales se use de manera correcta, los niños recibirán la alimentación y el cuidado que necesitan.

Los exámenes para detectar drogas también ayudarán a ahorrar dinero de los programas de beneficios sociales. Un estudio realizado por la fundación Robert Wood Johnson en 2007 reveló que el 20 por ciento de los beneficiarios de TANF declaró haber consumido una droga ilegal por lo menos una vez en el año anterior y por lo menos 5 por ciento reconoció que tenía un problema con el uso de droga. A medida que estos consumidores de drogas son detectados en los exámenes, serán excluidos de los programas de beneficios sociales. Saber que es obligatorio someterse al examen evitará que otros consumidores soliciten los beneficios en primer lugar, ahorrando así más dinero a los programas sociales.

Diga no a los exámenes para detectar drogas

Editorial del *Santa Fe County Gazette*, 9 de enero de 2015

Recientemente, se ha generado un debate sobre si se debe exigir a los beneficiarios de programas sociales que se sometan a un examen obligatorio de detección de drogas para poder recibir los beneficios. Estoy en contra de exigir a los beneficiarios que pasen el examen de detección porque es inconstitucional, genera estereotipos acerca de los beneficiarios y no logra ahorrar dinero a los contribuyentes.

Una ley que exija exámenes para detectar drogas sería inconstitucional. La cuarta enmienda de la Constitución de los Estados Unidos protege a los estadounidenses de inspecciones y confiscaciones no razonables. Para llevar a cabo una pesquisa legal, debe existir una sospecha individualizada de delito. Un tribunal de apelaciones recientemente revocó una ley de Florida que exigía exámenes para detectar drogas a los beneficiarios de prestaciones sociales. El tribunal sostuvo que solo porque las personas soliciten asistencia pública no significa que pierdan sus derechos constitucionales de protección contra las inspecciones no razonables.

Los exámenes obligatorios también generan estereotipos injustos en torno a los beneficiarios de programas sociales. Estos suponen que si alguien recibe asistencia social existe más probabilidad de que consuma drogas ilegales que un ciudadano común y corriente. En vez de considerar a los beneficiarios como personas, supone que todos ellos son perezosos, consumen drogas ilegales e intentan obtener dinero del gobierno para mantener sus hábitos. De hecho, un estudio realizado en 2002 por Urban Institute demuestra que la mayoría de los beneficiarios de TANF son niños. Por ende, este estereotipo del típico beneficiario de prestaciones sociales es totalmente falso.

Los exámenes obligatorios de detección de drogas para los beneficiarios de asistencia social no sirven para ahorrar dinero. Una ley de Florida de 2011 sobre este tipo de examen que estuvo en vigencia durante cuatro meses terminó costándole más dinero al estado. Florida gastó más dinero en los propios exámenes que lo que ahorró al cancelar beneficios a apenas el 2.6 por ciento de las personas que no pasaron el examen. También se comprobó que la cantidad de casos de asistencia social no disminuyó mientras la mencionada ley estuvo en vigencia.

Tema para redactar

Los editoriales presentan argumentos opuestos sobre el tema de los exámenes para detectar drogas a los beneficiarios de prestaciones sociales.

En su respuesta, analice las dos opiniones presentadas en los artículos para determinar cuál tiene mejor fundamento. Use información relevante y específica de los artículos para apoyar su respuesta.

Puede tardar aproximadamente 45 minutos en completar esta tarea.

Recuadro de planificación

Marihuana medicinal: la cura es peor que la enfermedad

Por Jack Johansen, *Green Valley Weekly*

Los promotores de la marihuana medicinal han creado una cortina de humo con razones poco sólidas para fomentar su consumo. La marihuana es una droga peligrosa que no debería usarse para tratar los problemas médicos de los pacientes.

Desde 1964, el director de Salud Pública de los Estados Unidos ha advertido sobre los peligros de fumar. Sin embargo, la marihuana se consume principalmente fumándola. Se ha comprobado que fumar provoca cáncer y enfermedades pulmonares. En comparación con el tabaco, el humo de marihuana contiene entre 50 y 70 por ciento más sustancias químicas cancerígenas. Para aprovechar los beneficios de la marihuana, los consumidores la inhalan más profundamente hacia sus pulmones y la mantienen durante más tiempo que el humo del tabaco, lo cual conduciría a un aumento mayor en las enfermedades pulmonares, como enfisema y bronquitis crónica. ¿Le pediría a un paciente que fume opio para aprovechar los beneficios de la morfina o le diría a la gente que coma la corteza de un sauce para obtener los beneficios de la aspirina? Entonces, ¿por qué les pediría a los pacientes que fumen marihuana para recibir sus beneficios? Todos estos peligros relacionados con fumar aumentan las probabilidades de que la marihuana medicinal cause enfermedades en lugar de tratarlas.

Más allá de los peligros de fumar, la marihuana medicinal tiene otros riesgos. Es una combinación tóxica de más de 400 sustancias químicas, muchas de las cuales tienen efectos secundarios desconocidos. Es una droga psicoactiva que altera las funciones cerebrales. Dependiendo de cómo reacciona con el cerebro, el consumo de marihuana aumenta la ansiedad, afecta el razonamiento y causa alucinaciones. Existe también el peligro real de que los consumidores desarrollen una adicción. Claramente, la marihuana es una droga peligrosa.

Como reconoce los peligros de la sustancia, el gobierno de los Estados Unidos todavía la clasifica como una droga del listado I en virtud de la Ley de Sustancias Controladas. Las drogas del listado I deben cumplir tres criterios diferentes: tener un alto potencial de generar consumo abusivo, no estar actualmente aceptada para el uso médico y falta de seguridad en el uso, incluso con supervisión médica. Se deben hacer exámenes más rigurosos sobre los supuestos beneficios antes de permitir que la marihuana se use con fines médicos.

La marihuana medicinal es una buena idea

Carta al editor, *Green Valley Weekly*

Imagine que usted es un paciente con cáncer y que se está sometiendo a tratamientos de quimioterapia. Mientras los fármacos que le salvarán la vida recorren todo su organismo, también lo hacen sentir muy enfermo. Tiene dolores, náuseas y vómitos y busca desesperadamente un alivio. La marihuana medicinal puede dárselo y es por eso que debería usarse para ayudar a los pacientes.

Una serie de estudios ha demostrado que la marihuana medicinal ofrece un alivio eficaz a los síntomas que los pacientes con cáncer experimentan durante su tratamiento. También se ha comprobado que la marihuana medicinal ayuda a los pacientes con SIDA de dos maneras: mejora sus sistemas inmunológicos y evita que pierdan peso.

En su artículo, Johansen analiza cuán peligroso es fumar marihuana. Si bien algunos pacientes la fuman, hay maneras más seguras de consumir la droga. Algunos pacientes la comen. Hay dispositivos muy sencillos, llamados vaporizadores, que permiten consumirla sin fumarla. Incluso para esos pacientes que sí la fuman, no se ha demostrado que es perjudicial inhalar el humo a corto plazo. La salud de un paciente que recibe quimioterapia y fuma marihuana por algunos meses durante el tratamiento no corre ningún peligro.

Johansen también usa tácticas para infundir miedo al formular su opinión. La marihuana es una droga psicoactiva, pero también lo son otras sustancias que afectan el cerebro, como el café, los cigarrillos, las pastillas para dormir y la cerveza. De acuerdo con el Dr. Sanjay Gupta, corresponsal de CNN especializado en salud, la marihuana no es una droga peligrosa; se clasificó en el listado I debido a la falta de información sobre sus efectos. Gupta señala que los estudios sobre la marihuana son parciales, puesto que más del 90 por ciento de las investigaciones se centran en los posibles daños, en tanto que el 6 por ciento estudian sus efectos positivos. También menciona que menos del 10 por ciento de los consumidores de marihuana se vuelven adictos, de acuerdo con los estudios.

Tema para redactar

El artículo y la carta al editor presentan argumentos a favor y en contra de legalizar la marihuana medicinal.

En su respuesta, analice las dos opiniones presentadas para determinar cuál tiene mejor fundamento. Use información relevante y específica para apoyar su respuesta.

Puede tardar aproximadamente 45 minutos en completar esta tarea.

Recuadro de planificación

6: Leyes sobre el porte de armas ocultas

No perdamos el control con las leyes sobre el porte de armas ocultas

Leroy King, ejecutivo del condado de Horseshoe, orador en una reunión pública del municipio, 12 de noviembre de 2014

Algunos estados tienen leyes sobre el porte de armas ocultas que permiten a las personas llevar armas sin que estén visibles para los demás. Estas leyes son una pésima idea por muchas razones.

A pesar de lo que digan sus defensores, las leyes sobre el porte de armas ocultas no reducen ni previenen los delitos. Una encuesta realizada a delincuentes condenados reveló que era más probable que usaran armas porque sus víctimas podrían estar armadas. Un estudio de 1995 llevado a cabo en cinco ciudades grandes indicó que los homicidios relacionados con armas aumentaron en un promedio de 4.5 por cada 100,000 personas en los estados que permitían el porte de armas ocultas. Otro estudio realizado en el transcurso de 33 años halló que los estados con este tipo de leyes experimentaron un aumento en los asaltos, robos con violencia, robos de automóviles y robos en viviendas.

En vez de detener los delitos, las armas ocultas pueden transformar una discusión simple en una situación donde se pierde totalmente el control. En vez de que surja una guerra de palabras o puños a causa de una discusión, se puede producir una batalla armada. Tomemos por ejemplo el famoso caso de Trayvon Martin en 2012. George Zimmerman, el asesino de Trayvon, tenía un arma oculta que usó para dispararle al joven de 17 años que se encontraba desarmado, luego de que ambos discutieran. O bien, tenemos el ejemplo del ataque de enero de 2014 perpetrado por un oficial de policía retirado con una pistola oculta. Mató a otro hombre debido a una discusión que se había generado por enviar mensajes de texto en un cine. Las personas que llevan un arma oculta tienen más probabilidades de usarla durante discusiones que de otra forma no terminarían en un baño de sangre.

Las personas que portan armas ocultas también suponen una amenaza para la seguridad pública. Mientras que los oficiales de policía reciben una capacitación exhaustiva sobre el uso de armas de fuego, es posible que los propietarios de armas individuales no la hayan tenido o prácticamente no tengan suficiente entrenamiento. Algunos estados, como Maryland, no exigen ningún tipo de capacitación; en tanto que otros estados, como Wisconsin, requieren entrenamiento, pero no especifican de qué tipo. En un tiroteo, ¿realmente quiere confiar su vida a una persona con un arma oculta que no ha recibido una verdadera capacitación para usarla?

Las leyes sobre el porte de armas ocultas salvan vidas

Biyu Chong, oradora en una reunión pública del municipio, 12 de noviembre de 2014

En vez de ejercer un control mayor sobre las armas, respaldo firmemente las leyes sobre el porte de armas ocultas porque reducen los delitos, son un derecho constitucional y evitan los tiroteos masivos.

Es evidente que estas leyes reducen el delito. Un estudio realizado en 2000 sobre los datos delictivos del FBI reveló que los estados que permiten el porte de armas ocultas tienen tasas menores de asesinatos, asaltos y robos. Pensemos en las armas ocultas desde la perspectiva de un criminal. Probablemente no quisiera arriesgar su vida intentando robarle a alguien si pensara que esa persona tiene un arma. El jefe de policía de Detroit James Craig concuerda que las armas ocultas son un "obstáculo" y reducen los delitos.

El derecho de portar armas ocultas se remonta a los inicios de nuestro país. La segunda enmienda de la Constitución de los Estados Unidos garantiza a los ciudadanos el derecho de portar (llevar) armas. Este derecho es tan importante que nuestros fundadores lo pusieron en segundo lugar en la Declaración de Derechos, tras garantizar la libre expresión. En dos distintos casos recientes, el Tribunal de Apelaciones de los Estados Unidos dictaminó que la segunda enmienda "se debe interpretar para que incluya el derecho de poseer una arma oculta en público, llevarla para usarla y tenerla para autodefensa". Por lo tanto, la Constitución permite y protege los derechos de ciudadanos responsables de portar armas de fuego ocultas.

Además de la protección constitucional, los ciudadanos que llevan armas ocultas son nuestra mejor posibilidad de detener la violencia armada. Un reciente artículo del *Wall Street Journal* señaló que los oficiales de policía se tardan en promedio 11 minutos en responder a una llamada de emergencia. En Detroit, el tiempo promedio de respuesta de la policía es 58 minutos, que es tiempo suficiente para que un hombre armado y desequilibrado mate a muchos inocentes. Un tiroteo en una iglesia de Colorado en diciembre de 2007 fue detenido cuando Jeanne Assam, una guardia de seguridad voluntaria de la iglesia que llevaba un arma oculta, mató al atacante. Dos personas murieron en el ataque, pero ¿cuántas más hubieran resultado heridas si Assam no hubiera llevado el arma consigo? En verdad, la única forma de detener a un villano con un arma es un héroe con un arma.

Tema para redactar

Mientras que el discurso de Leroy King describe las razones por las que está en contra de las leyes sobre el porte de armas ocultas, el contrargumento de Biyu Chong destaca los beneficios de dichas leyes.

En su respuesta, analice las dos opiniones presentadas en los discursos para determinar cuál tiene mejor fundamento. Use información relevante y específica de los artículos para apoyar su respuesta.

Puede tardar aproximadamente 45 minutos en completar esta tarea.

Recuadro de planificación

7: Leyes sobre la identificación de los votantes

Opinión: la identificación de los votantes evita el fraude electoral

Por Angela Stampey

Las personas fallecidas no deberían votar. El fraude electoral existe en los Estados Unidos y nuestra democracia está en peligro cuando no podemos confiar en los resultados de las elecciones. Para garantizar un acto electoral justo, debemos exigir la identificación con foto en las mesas de votación.

En los últimos años, hemos visto casos de fraude electoral que incluían personas que usaban el nombre de personas fallecidas, se hacían pasar por otras y vivían en situación ilegal en el país. La Corte Suprema de los Estados Unidos respaldó el uso de identificación de los votantes argumentando que el riesgo de fraude es real y podría afectar los resultados electorales con poco margen de diferencia. En 2000, el presidente George W. Bush ganó la elección por apenas 537 votos. Cada voto es importante y la identificación de los votantes hace que el acto electoral sea justo.

Aunque hay quienes sostienen que obtener una identificación con foto emitida por el gobierno es difícil para muchos ciudadanos, se torna en algo necesario para la vida moderna. Las identificaciones con foto son obligatorias para conducir un automóvil, abordar un avión, comprar alcohol e ingresar a edificios del gobierno. Los estados que han aprobado leyes que exigen a los votantes tener una identificación también solventan el costo de obtenerla para las personas que no tienen otra identificación con foto. Asimismo, varias encuestas recientes han demostrado que menos del 1 por ciento de las personas con edad para votar no tienen identificación con foto.

Por último, ¿qué hay de la afirmación de que exigir identificaciones a los votantes perjudica a las minorías y a los más pobres? Georgia aprobó una ley de identificación para los votantes antes de la elección de 2008. Una encuesta de la Oficina de Censos de los Estados Unidos reveló que el número de votantes afroamericanos en realidad aumentó luego de que la nueva ley entrara en vigencia. En 2008, votó el 65 por ciento de la población afroamericana con edad para votar, lo que representa un aumento con respecto al 54.4 por ciento en 2004. Nuestra democracia funciona cuando las personas creen que votar es un acto justo y la identificación de los votantes garantiza esto.

Opinión contraria: las leyes sobre identificación de los votantes no permiten que las personas reales voten

Por Tavares White

Estoy totalmente en desacuerdo con el argumento de Stampey sobre la identificación de los votantes. Estoy en contra de exigir una identificación con foto a los votantes porque discrimina a las minorías y a los pobres.

La falta de una identificación válida con foto supone un enorme problema para muchos estadounidenses. De acuerdo con una encuesta de 2006 realizada por el Centro Brennan para la Justicia, alrededor de 21 millones de ciudadanos estadounidenses no tienen una identificación con foto vigente emitida por el gobierno. Esto es particularmente un problema para los ciudadanos ancianos mayores de 65 años, afroamericanos y ciudadanos hispanos, y las personas con ingresos inferiores a $35,000 al año. Incluso en el caso de los que tienen una identificación con foto, se estima que hay aproximadamente 4.5 millones de estadounidenses cuya identificación no refleja su nombre o dirección actual. Esto afecta especialmente a los jóvenes de entre 18 y 24 años que se mudan con frecuencia y tienen más probabilidades de cambiarse el nombre.

Más allá de las estadísticas, las leyes de identificación de los votantes evitan que los ciudadanos estadounidenses reales y con derecho voten. Consideremos el caso de Viviette Applewhite, una anciana de Pennsylvania de 93 años de edad que solo puede moverse en silla de ruedas. Fue soldadora durante la Segunda Guerra Mundial y luchó por los derechos electorales durante el movimiento de derechos civiles con el Dr. Martin Luther King Jr. En virtud de estas nuevas leyes, se le negaría el derecho de votar porque no cuenta con la documentación necesaria para obtener una identificación con foto emitida por el gobierno. Applewhite no conduce, le robaron su tarjeta del Seguro Social de la cartera y hace muchos años perdió su acta de nacimiento. ¿Es justo negarle el derecho a voto a un ciudadano con derecho que ha votado desde 1960 solamente porque no tiene una identificación apropiada?

La realidad es que las iniciativas de los estados de exigir identificaciones con foto no buscan en verdad evitar el fraude electoral, sino que están impulsadas por legisladores republicanos que quieren evitar que las minorías y los pobres voten. Dado que es más probable que estos grupos voten por candidatos democráticos, evitar que estos ciudadanos voten ayuda a los candidatos republicanos a ganar las elecciones. El sentido común y nuestra historia de vivir según el principio de que "todos los hombres se crean iguales" nos muestran que esto es un error y que se debería anular la obligación de que los votantes tengan una identificación con foto.

Tema para redactar

Los artículos presentan argumentos opuestos sobre la cuestión de exigir una identificación con foto a los votantes.

En su respuesta, analice las dos opiniones presentadas en los artículos para determinar cuál tiene mejor fundamento. Use información relevante y específica de los artículos para apoyar su respuesta.

Puede tardar aproximadamente 45 minutos en completar esta tarea.

Recuadro de planificación

8: Fractura hidráulica

Fractura hidráulica: la solución energética para los Estados Unidos

Transcripción de *Live at Five*, Lucia Hernández, 20 de febrero de 2014

Primero, quisiera explicar en qué consiste la fractura hidráulica o fracking. La fractura hidráulica es un proceso que aumenta la producción de un pozo de petróleo o gas natural y usa la presión del agua para romper la roca alrededor de un pozo. El petróleo y el gas natural luego atraviesan las aberturas de la roca y se extraen del pozo mediante una bomba.

La fractura hidráulica es esencial para el futuro de los Estados Unidos. Mejora la seguridad energética del país. Hoy en día, los Estados Unidos importan la mayoría del petróleo de otros países, como Venezuela e Irak, que se consideran países inestables. Los problemas en estas naciones podrían interrumpir el suministro de petróleo, lo que conduciría al aumento de precios de la energía. Aumentar la producción de energía nacional significa que los Estados Unidos no deben depender de suministros inciertos de otros países, sino que pueden contar con su propia producción.

Además, la fractura hidráulica supone enormes beneficios económicos. Las industrias del petróleo y gas natural en los Estados Unidos sustentan más de 9 millones de empleos en todo el país, lo que equivale a más del 7 por ciento de toda la economía nacional. La industria energética aporta $86 millones de dólares por día en recaudación de impuestos a los gobiernos locales, estatales y federal. Para 2020, se prevé que la industria energética sumará 1.3 millones de nuevos empleos a la fuerza laboral del país.

Y en lo que respecta a beneficios económicos, ¿qué efectos tiene la fractura hidráulica en la industria manufacturera? Los precios más bajos del gas natural ocasionados por la fractura hidráulica han impulsado una revolución manufacturera en los Estados Unidos. De acuerdo con el subsecretario para el Crecimiento Económico, Energía y Medio Ambiente de los Estados Unidos, "la creciente disponibilidad de energía a bajos precios ha provocado que muchas compañías se replanteen sus estrategias de trasladarse al exterior, en tanto que otras han regresado al país". Debido a los bajos costos energéticos, se estima que se crearán más de 1 millón de empleos en la industria manufacturera para el año 2025.

Mientras hay personas preocupadas por el efecto medioambiental de la fractura hidráulica, nunca se ha registrado un caso de contaminación de aguas subterráneas a raíz de ella. Los ingenieros diseñan revestimientos de cemento y acero en cada pozo para proteger el suministro local de agua subterránea. Alrededor del 99.5 por ciento de los materiales usados en la fractura hidráulica consisten en agua y arena, y el resto son lubricantes químicos. Las compañías supervisan cuidadosamente estos componentes químicos y los reciclan o desechan de acuerdo con las reglamentaciones de la Ley de Agua Limpia. FracFocus, un sitio web creado por compañías del sector energético, detalla qué productos químicos se usan en la fractura hidráulica y cómo se protegen las aguas subterráneas a nivel local.

Las peligrosas prácticas de la fractura hidráulica dañan el medio ambiente

Carta al editor, *Salmon City Post*, 22 de febrero de 2014

Me enojé mucho al escuchar a la Sra. Hernández anoche en *Live at Five*. Mientras los defensores de la fractura hidráulica hablan sobre la energía económica que se genera, no mencionan su costo real. La fractura hidráulica es peligrosa para el medio ambiente y debería prohibirse. Reduce nuestro suministro de agua, mientras que contamina el aire y el agua.

Cada vez que se usa la fractura hidráulica requiere entre uno y ocho millones de galones de agua. Con medio millón de pozos activos en los Estados Unidos, eso supone que se usen 72 billones de galones de agua por año. Esta agua debe provenir de alguna parte. Probablemente se extrae de pozos, lagos o sistemas de agua municipal cercanos, dejando a los residentes locales con un menor suministro de agua o generando una posible escasez del recurso.

Además del desperdicio de agua, la fractura hidráulica produce contaminación química. Se usan unos 40,000 galones de productos químicos en cada operación de fractura hidráulica, los que contienen un baño tóxico de 600 sustancias químicas, como mercurio y uranio. Cuando se fracturan las rocas de esquisto alrededor de los pozos, el gas metano y las sustancias químicas tóxicas se filtran en el agua subterránea adyacente. Hay estudios que demuestran que las concentraciones de metano son 17 veces mayores en los pozos de agua potable cercanos a los sitios de fractura hidráulica. Asimismo, hay más de 1,000 casos documentados de contaminación del agua junto a sitios de perforación que han provocado daños sensoriales, respiratorios y neurológicos a los residentes del área.

Cabe considerar que hay otros contaminantes además de los químicos. Cada pozo sometido a la fractura hidráulica requiere 400 camiones cisterna para llevar y traer agua y otros suministros al sitio, generando contaminación atmosférica. La fractura hidráulica también produce desperdicios líquidos, que se dejan en los pozos abiertos hasta que se evaporan. Esto libera compuestos orgánicos volátiles a la atmósfera, lo que genera contaminación del aire, el suelo y el agua, produce lluvia ácida y libera ozono a nivel del suelo.

Los defensores de la fractura hidráulica, como la Sra. Hernandez, deberían verificar su información. En mi opinión, no vale la pena arriesgar nuestra salud a cambio de obtener grandes cantidades de energía barata.

Tema para redactar

La transcripción presenta la opinión favorable de Lucia Hernandez con respecto a la fractura hidráulica y la carta al editor manifiesta una opinión contraria y negativa sobre el proceso.

En su respuesta, analice la transcripción y la carta para determinar cuál opinión tiene mejor fundamento. Use información relevante y específica de los artículos para apoyar su respuesta.

Puede tardar aproximadamente 45 minutos en completar esta tarea.

Recuadro de planificación

9: Libros de texto electrónicos

Memorando

Por el Dr. Akua Adu, superintendente escolar de Sun City

Es posible que se haya enterado en el noticiero que la legislatura estatal nos dará menos dinero para la compra de libros de texto. Propongo que, en lugar de usar libros convencionales, nuestros distritos usen libros de texto electrónicos, para que los estudiantes puedan leerlos en una tableta electrónica. Los libros de texto electrónicos ahorrarán dinero, evitarán los problemas que conllevan los libros de texto impresos y ayudarán a mejorar el aprendizaje estudiantil.

Los libros de texto tradicionales son muy costosos, tienen una vida útil corta y rápidamente pierden vigencia. Gastamos casi $800,000 al año en libros de texto. A medida que el financiamiento para la educación continúa disminuyendo, debemos buscar ahorrar los costos en las áreas que podamos. Un libro de texto escolar típico solo dura alrededor de cinco años debido al uso y desgaste. En el tiempo que se tarda en escribir, imprimir y distribuir nuevos libros a las escuelas, la información también pierde vigencia. Esto significa que muchos libros de texto no reflejan los estándares de enseñanza estatales y los maestros se las deben arreglar para planear sus lecciones con información actualizada. Es injusto pedirles a nuestro maestros, que ya de por sí están sobrecargados de trabajo, que dediquen su valioso tiempo de planificación haciendo trabajo adicional.

En comparación con los libros de texto tradicionales, los libros de texto electrónicos ahorran dinero, están actualizados y contribuyen al aprendizaje de los estudiantes. De acuerdo con un informe de 2012 de la Comisión Federal de Comunicaciones (FCC), los libros de texto electrónicos cuestan entre 50 y 60 por ciento menos que los convencionales. Los libros impresos se vuelven fácilmente obsoletos, mientras que los electrónicos se pueden actualizar al instante por Internet, asegurando así que los estudiantes reciban la información más reciente. Los libros de texto tradicionales solo permiten a los estudiantes leerlos. En cambio, los electrónicos posibilitan un aprendizaje optimizado, porque los estudiantes pueden fácilmente subrayarlos, editarlos y agregar notas, directamente en sus tabletas. Los estudiantes también tienen acceso a herramientas de búsqueda y diccionarios en línea, además de la opción de ajustar el brillo de la pantalla para evitar el cansancio en la vista. Un estudio del Departamento de Educación de los Estados Unidos reveló que la educación asistida por la tecnología puede disminuir el tiempo que lleva aprender materiales nuevos en casi un 50 por ciento. Por todas estas razones, la transición a los libros de texto electrónicos beneficiará a nuestro personal y nuestros estudiantes en los próximos años.

Reunión inaugural de las escuelas de Sun City

Discurso de Keanu Williams

Dr. Adu y maestros colegas:

Podrán decir que soy anticuado pero pienso que deberíamos mantener los libros de texto impresos en nuestras escuelas.

Cuando tomamos en cuenta todos los costos, los libros electrónicos son más costosos. En primer lugar, necesitaremos invertir miles de dólares para asegurar que cada estudiante tenga una computadora tablet. Luego, se deben considerar los elevados costos del software y las tasas de licencia de los libros de texto electrónicos. No olvidemos las actualizaciones necesarias para las redes Wi-Fi de nuestro distrito. ¿Y qué hay de los costos de capacitar a los maestros para que usen esta tecnología y agregar más técnicos informáticos para reparar y mantener las tabletas? Las tabletas y los lectores electrónicos se vuelven obsoletos rápidamente, lo que también supone costosas actualizaciones de equipo.

También estimo que surjan todo tipo de problemas cuando nuestros estudiantes usen los libros de texto electrónicos. Nunca me ha pasado que un libro convencional se bloquee, congele o sea pirateado. Si al estudiante se le cae la tableta, es probable que se deba hacer una costosa reparación. Los estudiantes rara vez roban libros de texto, pero las tabletas son algo muy distinto para un estudiante que busca obtener un poco de dinero extra. Me di cuenta de que el libro de Álgebra I que estoy usando actualmente no está ni siquiera disponible como libro electrónico. Otros maestros me dijeron que tampoco pudieron encontrar sus libros de texto favoritos en línea.

Nos interesa ayudar a los estudiantes, pero los libros electrónicos no contribuirán con su aprendizaje. ¿Cómo lograrán un aprendizaje satisfactorio aquellos estudiantes que no tienen acceso a Internet en casa o los que no saben usar una computadora? Además, las tabletas incitan a realizar varias tareas a la vez, es decir que les prestarán más atención a las aplicaciones, los mensajes de texto y los juegos, en lugar de la tarea escolar. Un estudio académico de 2007 que analizaba a los estudiantes que leen libros electrónicos con hipervínculos demostró cómo los enlaces aumentaban la carga cognitiva del cerebro. Los libros electrónicos confundían más a los estudiantes y lograban una comprensión menor del material, en comparación con los libros tradicionales. Entonces, para ahorrar dinero y lograr un mejor aprendizaje, conservemos los libros de texto impresos.

Tema para redactar

Mientras el memorando describe los beneficios de los libros de texto electrónicos, el discurso presenta un argumento en contra de ellos.

En su respuesta, analice el memorando y el discurso para determinar cuál opinión tiene mejor fundamento. Use información relevante y específica para apoyar su respuesta.

Puede tardar aproximadamente 45 minutos en completar esta tarea.

Recuadro de planificación

10: Debate sobre la lotería

Los gobiernos estatales se llevan el premio mayor con las loterías

Editorial del *Carolina Sun*, 8 de mayo de 2014

Las loterías son algo tan característico de los Estados Unidos como el pastel de manzana. Históricamente, surgieron en Jamestown en 1612. Se solían usar en la época colonial para financiar los proyectos de construcción. El Congreso Continental incluso organizó loterías para ayudar a solventar la Guerra de la Revolución. Hoy en día, 44 estados tienen loterías. Las loterías son un excelente beneficio para los gobiernos estatales porque recaudan los ingresos necesarios, son impuestos voluntarios y benefician a la educación.

Desde que la Gran Recesión comenzó en el año 2007, los gobiernos estatales se han esforzado por buscar maneras de recaudar dinero para pagar sus gastos. Las loterías estatales siempre proporcionan un flujo de ingresos constantes y crecientes. En Carolina del Norte, los ingresos de la lotería aumentaron en un promedio de 8.7 por ciento cada año desde 2007 a 2013, lo que ayudó al estado a reducir su tasa de impuesto sobre la renta. A nivel nacional, las loterías financian alrededor del 3 por ciento de los presupuestos estatales, lo que supone una ansiada fuente de ingresos en esta difícil situación económica.

En lugar de aumentar los impuestos sobre los ingresos o a las ventas para cumplir con los presupuestos estatales, las loterías también son beneficiosas porque constituyen un impuesto voluntario. Esto significa que, en vez de estar obligada a pagar impuestos, la gente prefiere jugar a la lotería. Se dice que Thomas Jefferson, uno de nuestros Padres Fundadores, consideraba a las loterías como una manera ideal de recaudar dinero por esta misma razón. La gente no se queja si debe pagarle al gobierno estatal por decisión propia.

Sin dudas, las loterías ayudan a los gobiernos estatales a financiar la educación. En Georgia, el dinero recaudado se usa en tres programas educativos importantes. Desde que la lotería comenzó, se han destinado más de $8,000 millones de dólares al programa de becas HOPE de ayuda educativa para alumnos destacados. Este programa ofrece becas a estudiantes de la escuela preparatoria para que asistan a universidades e instituciones de educación superior de Georgia. El dinero recaudado en la lotería también se usa para el programa de educación prescolar que ayuda a los niños en situación de riesgo a prepararse para el éxito escolar. Los fondos también se usan en subvenciones para ayudar a capacitar a los maestros de las escuelas públicas para que usen la última tecnología en los salones de clase. Es decir que mientras la gente juega a la lotería, los estudiantes de Georgia son los verdaderos ganadores.

Los estados pierden con la lotería

Editorial del *Carolina Sun*, 16 de mayo de 2014

En lugar de ayudar, las loterías son una mala idea para los gobiernos estatales. De la misma manera que la mayoría de la gente que juega a la lotería pierde, los estados también pierden cuando pensamos en lo costoso que es hacerla, cómo no logra aumentar el financiamiento de la educación y cómo perjudica a los negocios.

Si bien parece que las loterías recaudan grandes cantidades de dinero para los estados, es muy costoso organizarlas. Veamos lo que sucede con cada dólar que recibe una lotería estatal. Solo 25 centavos de ese dólar van a parar a los gobiernos estatales. La mayoría del resto se divide entre pagar los premios a los ganadores (60 centavos) y solventar la publicidad y los costos administrativos (9 centavos). Los restantes 6 centavos se pagan a las tiendas (por lo general, supermercados) como comisión por vender los boletos.

Sin embargo, eso no es todo. Los gobiernos estatales que padecen escasez de dinero usan la recaudación de la lotería para la educación, pero la realidad es que las loterías no logran aumentar el financiamiento de la educación. Si una lotería estatal aporta $450 millones de dólares, el gobierno estatal toma esa misma cantidad de su presupuesto de educación para financiar otras áreas. Por lo tanto, aunque las loterías recaudan ingresos muy necesarios para los estados, las escuelas no resultan beneficiadas.

La lotería también perjudica a los negocios. La gente compra boletos de lotería con dinero que podría haber usado de otra manera. En lugar de gastarse el dinero en boletos, podrían haber salido a cenar, al cine o de compras. En tanto que la lotería percibe ingresos, los restaurantes, cines, tiendas y otros negocios tienen menos ventas. Victor Matheson, profesor de Economía de College of the Holy Cross, sostiene que si el dinero de la lotería se usara en los negocios, se generaría una mayor actividad económica. Dado que los estadounidenses gastaron más de $65,000 millones de dólares jugando a la lotería en 2011, pensemos cómo esa posible pérdida de ingresos perjudica a los negocios.

Tema para redactar

Los editoriales presentan argumentos opuestos sobre el tema de las loterías estatales. Los autores no están de acuerdo sobre el impacto que producen las loterías en la recaudación de dinero y en la medida en que ayudan a la educación.

En su respuesta, analice las dos opiniones presentadas en los editoriales para determinar cuál tiene mejor fundamento. Use información relevante y específica de los editoriales para apoyar su respuesta.

Puede tardar aproximadamente 45 minutos en completar esta tarea.

Recuadro de planificación

11: Renta con opción a compra

La renta con opción a compra tiene sentido

A. J. Hoyt, blog "Rent World"

Usted quiere ese nuevo televisor de alta definición y necesita actualizar su teléfono inteligente, pero no tiene el efectivo para pagarlo. Puede cargarlo a la tarjeta de crédito, ponerlo en un sistema de apartados (lay away), o intentar ahorrar dinero. Pero las tarjetas de crédito cobran elevadas tasas de interés; con el sistema de apartados deberá esperar meses hasta tenerlos, y ¿quién podría ahorrar dinero cuando siempre hay más cuentas para pagar? La renta con opción a compra soluciona todos estos problemas y es la mejor manera de obtener lo que quiere ahora mismo.

Con esta modalidad, el pago resulta muy fácil. Obtiene una aprobación previa, es decir que no debe esperar a que se realice una verificación de crédito. En lugar de reunir todo el dinero en efectivo de una sola vez, paga pequeñas cantidades cada vez, por lo general, menos de $25 por semana. Usted controla la frecuencia con la que paga: por semana, cada 15 días o por mes. Hay planes flexibles de pago, por lo que puede cambiar el monto que paga cada vez. También puede usar la opción de compra anticipada y convertirse en el dueño del producto inmediatamente.

La renta con opción a compra no conlleva períodos de espera ni complicaciones. Solo vaya a la tienda más cercana, elija el producto que desee y recíbalo en la comodidad de su casa. Ese nuevo televisor de alta definición puede estar en su sala mañana mismo. Nuestro personal capacitado le entregará sus nuevos muebles e incluso instalará su nuevo televisor exactamente donde lo desee, cuando lo desee. Si tiene algún desperfecto, lo arreglaremos o se lo reemplazaremos gratis, en general, dentro de las 24 horas. Si compra ese mismo producto en una tienda convencional, debería recogerlo usted mismo o pagar un costoso cargo de entrega. Si el producto tiene algún desperfecto, usted debe encargarse de arreglarlo.

Por último, con la renta con opción a compra, puede cambiar de opinión. No hay contratos a largo plazo. Si la situación cambia y necesita un nuevo teléfono o un televisor más grande, puede actualizarlos en cualquier momento. Sabemos que la vida tiene complicaciones. Si necesita detener los pagos, devuelva el producto y congelaremos los pagos hasta que pueda reanudarlos. Con la renta con opción a compra, nunca quedará atado a los modelos del año pasado.

¿Pagaría 300 por ciento de interés por un nuevo televisor?

Alyssa Myers, periodista de Consumer Watchdog

¿Pagaría $2,900 por un televisor que cuesta $750? ¿Qué opina de que le cobren 300 por ciento de interés por una nueva lavadora y secadora? Este es el tipo de ofertas que encontrará en las tiendas de renta con opción a compra de su ciudad. Si bien parece conveniente, es una terrible idea para la mayoría de los consumidores.

Es la manera más costosa de comprar un producto. Una tienda de renta con opción a compra recientemente promocionó una computadora portátil con sencillos pagos de $19.99 por semana. Leyendo la letra chica del aviso publicitario, se puede descubrir que se tardarían 65 semanas en pagarla para convertirse en su dueño. El costo total terminaría siendo casi $1,300 por una computadora que vale $585. Esto equivale a que le cobren 150 por ciento de interés. Incluso haciendo los mismos pagos en una tarjeta de crédito con un interés del 29.99 por ciento, se ahorraría $700.

Los precios en las tiendas de renta con opción a compra son mucho más elevados que en el resto de las tiendas. Sus avisos publicitarios señalan que un nuevo smartphone tiene un valor de $300, pero se puede encontrar en oferta en otras tiendas y por Internet por $125. Un refrigerador promocionado por la tienda a $1,000 se puede comprar por solo $650 en otro lugar. Los precios de oferta "superespectaculares" terminan haciendo que los consumidores paguen cientos de dólares más.

Las tiendas de renta con opción a compra prometen no generar complicaciones, pero detectamos muchos problemas porque no explicaban los contratos, fomentaban a los consumidores a rentar más productos de los que necesitaban y entregaban productos defectuosos. Los consumidores que devuelven productos deben enfrentar cargos ocultos y las tiendas se valen de prácticas de cobro ilegales, como el acoso telefónico. La organización Better Business Bureau recibe miles de quejas por año con respecto a las tiendas de renta con opción a compra. Haga lo que haga: evite esta modalidad.

Tema para redactar

Estos dos artículos presentan opiniones contrarias sobre las prácticas de pago, el valor y la facilidad de uso de las tiendas de renta con opción a compra.

Escriba una respuesta que analice las dos opiniones para determinar cuál tiene mejor fundamento. Use información relevante y específica de las lecturas para apoyar su respuesta.

Puede tardar aproximadamente 45 minutos en completar esta tarea.

Recuadro de planificación

12: Estudiar con música

Estudiar con música no permite aprender

Dr. Phillip Ehrenberg, profesor de Psicología, Universidad Estatal

Como miembro del cuerpo docente, me preocupo mucho por nuestros estudiantes y quiero que reciban la mejor educación posible mientras asistan a nuestra Universidad Estatal. Escuchar música mientras estudian es un mal hábito que interfiere con su capacidad de aprendizaje. Para resolver este problema, el cuerpo docente recomienda que se prohíba escuchar música mientras se estudia en la biblioteca universitaria.

Les contaré lo que observé en la biblioteca recientemente cuando la visité un lunes por la noche. Allí se veía a cientos de estudiantes supuestamente estudiando. Pero si se prestaba más atención, uno se podía dar cuenta de que estaban más absortos con la música que salía por los auriculares que con los libros. Movían el cuerpo al compás de la música, atrapados en un mundo muy lejano a los pensamientos del aprendizaje. El sonido de la música está en todas partes. Los estudiantes que intentan escuchar sus propias canciones por encima del ruido suben el volumen. Con toda esta música, la biblioteca, que solía ser un lugar tranquilo, se ha convertido en un lugar ruidoso y que genera distracciones.

Y hablando de distracciones, escuchar música mientras se estudia contribuye a hacer varias tareas a la vez, lo cual resulta sumamente perjudicial para el aprendizaje de los estudiantes. Los estudiantes creen que pueden escuchar música, hacer la tarea, enviar mensajes de texto y usar las redes sociales, todo al mismo tiempo. Una investigación de la Universidad de Stanford de 2009 y otros estudios posteriores han confirmado que las personas no son buenas para hacer varias tareas a la vez. Dado que al cerebro le resulta difícil determinar qué información es importante y cuál no, cada actividad tarda el doble de tiempo y provoca 50 por ciento más errores.

Además, la música en sí misma es un problema. Glenn Schellenberg, psicólogo de la Universidad de Toronto, descubrió en un estudio realizado en 2011 que escuchar música rápida y con volumen alto interfería con la comprensión de la lectura. Pregúntenles a los estudiantes cuáles son sus canciones favoritas y la mayoría responderá que es el tipo de música que dificulta la actividad de estudiar. Como la lectura es una parte principal del estudio, escuchar música rápida y con volumen alto detiene el proceso del aprendizaje.

La música me ayuda a aprender

Shelly Nova, estudiante de 3.er año, Universidad Estatal

El cuerpo docente de nuestra Universidad Estatal está considerando implementar una prohibición para que los estudiantes no escuchen música mientras estudian en la biblioteca, basándose en que hacer ambas actividades a la vez interfiere con el aprendizaje. Por el contrario, escuchar música mientras se estudia ayuda a los estudiantes a aprender y debe continuar estando permitido en la biblioteca.

Estudiar me pone nerviosa. Me asaltan pensamientos sobre todo el trabajo que tengo que hacer y todos los exámenes que tengo que tomar, por lo que me resulta casi imposible concentrarme. La música es lo único que me calma. Cuando me pongo a escucharla, mis nervios se disipan, mis emociones se calman y mi cerebro se prepara para comenzar a aprender en serio.

Conozco a muchos estudiantes que se distraen fácilmente mientras estudian o a los que estudiar les provoca somnolencia. Para los estudiantes distraídos, la música es ideal para mantener la concentración. Tienen menos probabilidades de levantar la vista y advertir a cualquier persona que se acerque a su mesa. Para algunos estudiantes, tener un trabajo a medio tiempo y adaptarse al horario completo de la universidad los deja tan cansados que terminan dormidos luego de algunos minutos de estudio. La música los mantiene despiertos para poder concentrarse y aprender.

Por último, la prohibición de la música en la biblioteca no resolverá el problema que el senado está tratando de solucionar. Los estudiantes que necesitan la música para estudiar simplemente irán a estudiar a otra parte. En vez de usar la silenciosa biblioteca, se verán obligados a estudiar en las ruidosas habitaciones de las residencias estudiantiles o restaurantes. El estudio de 2011 que menciona el Dr. Ehrenberg halló que escuchar música mientras se estudia era mucho mejor para aprender que oír un gran ruido de fondo. ¡Por el bien de todos los estudiantes del campus que necesitan la música para estudiar, por favor no prohíban la música en nuestra biblioteca!

Tema para redactar

El profesor Ehrenberg y la estudiante Shelly Nova tienen opiniones contrarias sobre los estudiantes que escuchan música mientras estudian.

En su respuesta, analice las dos opiniones para determinar cuál tiene mejor fundamento. Use información relevante y específica de las lecturas para apoyar su respuesta.

Puede tardar aproximadamente 45 minutos en completar esta tarea.

Recuadro de planificación

13: Vacunación

Vacunas: un daño médico oculto

Blog "Mommy's Heart"

Como toda mamá, me preocupa mucho la salud de mis hijos. Con toda la publicidad reciente sobre las vacunas, siento que debo decir mi opinión. La verdad es que las vacunas son peligrosas y los padres nunca deberían vacunar a sus hijos.

En primer lugar, se les dan demasiadas vacunas a los niños. El cronograma de vacunas ha aumentado considerablemente de 1983 a 2015. En 1983, los Centros para el Control de las Enfermedades (CDC) recomendaron solo 10 vacunas entre el nacimiento y los 6 años de edad. En 2015, los CDC recomendaron 36 vacunas. Hoy en día, los bebés reciben más vacunas en sus primeros seis meses de vida que las que recibieron sus madres hasta los 18 años. El hecho es que hay enormes compañías farmacéuticas que ganan mucho dinero con las vacunas y han convencido a los CDC de recomendar más. A las grandes compañías farmacéuticas no les interesa la salud de nuestros hijos, sino solo sacar una ganancia. Las vacunas son, hoy en día, una industria que genera $24,000 millones de dólares al año.

Las vacunas contienen sustancias que son muy perjudiciales para nuestros hijos, como aluminio, formaldehído y mercurio. Estas sustancias tóxicas y venenosas se han vinculado con una serie de enfermedades en los niños, como el síndrome de muerte súbita (SIDS), el asma y el trastorno por déficit de atención e hiperactividad (ADHD). Existe una relación bien documentada entre las vacunas y el autismo con más de 20 estudios que comprueban esta asociación. A medida que ha aumentado el número de vacunas, la detección de autismo en niños ha incrementado simultáneamente.

Desde el punto de vista del desarrollo, nuestros hijos no están preparados para la mayoría de las vacunas. Los bebés reciben su primera vacuna para la hepatitis B cuando tienen apenas 12 horas de vida. Con la vacuna del sarampión, las paperas y la rubéola (MMR), los bebés de 1 año que apenas pesan 20 libras reciben tres virus activos a la vez. Los sistemas inmunológicos de los niños pequeños no están plenamente desarrollados y recibir tantas vacunas a la misma vez es peligroso para su salud.

Se requieren análisis mucho más rigurosos para convencerme de que las vacunas son seguras para los niños. Hasta entonces, les recomiendo a todas las madres que no lo hagan. ¡Dejen de vacunar a sus hijos!

Las vacunas salvan vidas

Comentario del blog

Difundir verdades a medias sobre las vacunas y la salud infantil es un grave error, incluso en Internet. La verdad real es que las vacunas son uno de los grandes adelantos en la historia de la medicina. Las vacunas son seguras y eficaces, y todos los padres deberían dárselas a sus hijos.

Las vacunas salvan vidas. Un estudio realizado por los Centros para el Control de las Enfermedades (CDC) en 2014 demostró que las vacunas les salvaron la vida a más de 732,000 niños en un período de 20 años. El estudio halló que las vacunas evitaron que un niño promedio contrajera cuatro enfermedades contagiosas, evitando 322 millones de enfermedades en todos los Estados Unidos. Esto les evitó a las familias aproximadamente 21 millones de visitas al hospital que hubieran costado más de $295,000 millones de dólares.

Las vacunas contienen sustancias químicas. Sin embargo, están presentes en cantidades muy ínfimas. Pueden contener vestigios de mercurio y aluminio, pero nunca en cantidades suficientes como para perjudicar a los niños. Todas las vacunas se someten a pruebas para garantizar que sean seguras y eficaces antes de siquiera ser usadas.

Los padres que creen que las vacunas provocan el autismo deben comprender la diferencia entre correlación y causalidad. A más niños se les caen los conos de helado en la acera en el verano, pero eso no significa que el verano sea el culpable de que a los niños se les caigan los helados. Los niños naturalmente comienzan a mostrar indicios de autismo alrededor de la misma época en la que se administra la vacuna del sarampión, las paperas y la rubéola (MMR), pero eso no significa que la vacuna provoque autismo. Un gran estudio de investigación analizado en la prestigiosa revista de la Asociación Médica Estadounidense en 2015 descubrió que no existía en absoluto una relación entre la vacuna MMR y el autismo en los expedientes de pacientes de más de 95,000 niños analizados. Asimismo, los profesionales de la salud han desacreditado el estudio de 1994 que afirmaba que existía una relación entre la vacuna MMR y el autismo.

¡Terminemos con la histeria! Lo más seguro que pueden hacer los padres es vacunar a sus hijos. Los mantendrá con buena salud y evitará que se enfermen.

Tema para redactar

Estos escritores presentan argumentos a favor y en contra de las vacunas. No están de acuerdo acerca de la seguridad de las vacunas y sus efectos en los niños.

En su respuesta, analice las dos opiniones para determinar cuál tiene mejor fundamento. Use información relevante y específica de las lecturas para apoyar su respuesta.

Puede tardar aproximadamente 45 minutos en completar esta tarea.

Recuadro de planificación

14: Requisito de álgebra

El álgebra equivale al éxito

Shanae Stewart, presidenta del Consejo de Educación del Condado de Boswell

Hoy hablo en nombre de todos los niños de nuestro distrito escolar. Debemos esforzarnos por brindar la mejor educación posible para todos. Para crear un futuro sólido, recomiendo firmemente que el álgebra sea un requisito para la graduación de la escuela preparatoria de todos nuestros estudiantes.

El álgebra es necesaria para que los niños alcancen el éxito en el mundo moderno en constante cambio. Han quedado atrás los días en que la gente podía conseguir un trabajo con un buen sueldo que requiriera poca educación. Nuestros jóvenes necesitan estar listos para tomar los empleos que aún no se han creado y que abordan los problemas que todavía desconocemos. El Centro de Educación y Fuerza Laboral de la Universidad de Georgetown pronostica que el 65 por ciento de las vacantes de empleo en los próximos 10 años exigirá un nivel de educación superior al de la escuela preparatoria. El álgebra es la base para las matemáticas de nivel superior. Para ingresar a la educación postsecundaria y tener buen desempeño, los estudiantes necesitan tener sólidas destrezas en matemáticas, que incluyen el álgebra.

Propongo enseñarles álgebra a los estudiantes, no porque sea fácil, sino porque es difícil. El álgebra entrena la mente para pensar y resolver problemas complejos. Es como si fuera una actividad de levantamiento de pesas para el cerebro, que sirve para fortalecerlo. Aprender álgebra también contribuye a formar la personalidad. Cuando un niño emprende una tarea difícil y la supera satisfactoriamente a pesar de los desafíos, su mente se fortalece más y resulta mejor preparado para competir en la economía global de hoy en día.

En conclusión, recomiendo enseñar álgebra a todos nuestros estudiantes porque quiero que alcancen el éxito. Si les decimos a algunos de ellos que no necesitan la asignatura, les estamos negando las herramientas que necesitan para lograr el éxito. Todos nuestros estudiantes necesitan la excelente base que proporciona el álgebra. Del mismo modo que aprendimos todas las letras para poder leer, los estudiantes deben aprender álgebra para estar preparados para cualquier cosa que el futuro les depare.

Exhorto a los miembros del Consejo Escolar que me acompañen y apoyen el plan para transformar al álgebra en un requisito para todos los estudiantes del condado de Boswell.

Álgebra obligatoria: *X* equivale a "No"

Priscilla Hanes, madre de un estudiante del condado de Boswell

Estoy igualmente preocupada por el éxito de nuestros hijos como cualquier otro miembro del Consejo Escolar. Quiero que a los niños les vaya bien, pero esta no es la manera de lograrlo. El álgebra no debería ser un requisito de graduación para todos los estudiantes.

Cada estudiante es una persona única y singular a su propio modo. Cada uno tiene diferentes fortalezas, talentos y habilidades. Establecer el mismo requisito de matemáticas para todos es adoptar un enfoque generalizado para la educación, como si se tratara de un molde de galletas o una línea de producción de una fábrica. Nuestros hijos no son galletas ni tostadoras y sus diferencias deberían ser respetadas. El álgebra no es necesaria para todas las opciones educativas. Entonces, ¿por qué todos los estudiantes deberían estar obligados a tomar la asignatura?

Los defensores del álgebra obligatoria señalan que la disciplina se usa en muchos empleos, pero un estudio de 2012 sobre las matemáticas en el lugar de trabajo reveló lo contrario. La gran mayoría de empleos solo usa las matemáticas aplicadas hasta 6.° grado (fracciones, decimales, porcentajes y geometría básica). Muy pocos empleos requieren conocimientos de álgebra. Incluso la mayoría de los empleos en el campo de la ciencia, tecnología, ingeniería y matemáticas (STEM, por su sigla en inglés) no requieren álgebra. La mayoría de los empleadores entrenarán a sus nuevos empleados para que aprendan las destrezas específicas de matemáticas que necesitarán, como las matemáticas mecanizadas.

Estoy totalmente de acuerdo con que nuestros estudiantes necesitan una educación postsecundaria para triunfar en el mercado laboral de hoy en día y del futuro. Sin embargo, exigir conocimientos de álgebra provoca una mayor tasa de deserción en la escuela preparatoria y la universidad. Algunos estudiantes reprueban el curso de álgebra dos, tres, cuatro y hasta cinco veces. Después de tantos fracasos, los estudiantes se frustran y se dan por vencidos. Reprobar álgebra es la principal causa de la deserción escolar y el primer motivo por el cual solo casi la mitad de los estudiantes que inician sus estudios universitarios obtienen un título. En vez de que la educación postsecundaria conduzca a buenos empleos con sueldos que permiten dar sustento a una familia, los estudiantes olvidan su anhelo de obtener una formación universitaria y se ven obligados a conformarse con menos.

Quiero que todos los niños sean la mejor versión que puedan ser de ellos mismos. Después de todo, ellos son el futuro. Pero exigir el álgebra para graduarse definitivamente no es la respuesta.

Tema para redactar

Una persona que defiende y otra que se opone al requisito de álgebra para la escuela preparatoria están en desacuerdo sobre los beneficios que supone para los estudiantes.

Escriba una respuesta que analice las dos opiniones y determine cuál tiene mejor fundamento. Use información relevante y específica de las lecturas para apoyar su respuesta.

Puede tardar aproximadamente 45 minutos en completar esta tarea.

Recuadro de planificación

15: Reciclaje obligatorio

Hope Valley necesita implementar el reciclaje obligatorio

Discurso en la reunión de la ciudad, de Sarah Lin, alcaldesa

La ciudad de Hope Valley necesita adoptar más prácticas ecológicas. Al implementar el reciclaje obligatorio, conservaremos un valioso espacio en los vertederos y le ahorraremos dinero a la ciudad.

Los programas de reciclaje obligatorio que se implantan con éxito evitan que una enorme cantidad de desechos vaya a parar a los vertederos. La ciudad de Seattle es un excelente ejemplo. El programa de reciclaje obligatorio de Seattle está en funcionamiento desde 2006 y las estadísticas demuestran que evita que se envíen 400,000 toneladas de desechos a los vertederos cada año. Esto es importante ya que los desechos de los vertederos continúan aumentando porque el número total de basureros disminuye cada año al alcanzar su máxima capacidad. Nadie quiere vivir cerca de un vertedero, por lo que hay muy pocas construcciones en los alrededores.

El reciclaje obligatorio también ahorra dinero. Las estimaciones de Seattle muestran que la ciudad ha ahorrado $200 millones de dólares en cuotas por tirar basura en los últimos 15 años puesto que se desechan menos residuos. Las ciudades también ganan dinero al vender cartón, papel, plástico y metal reciclados. Estimamos que Hope Valley puede ahorrar $10 millones de dólares en cuotas por tirar basura, a la vez que puede ganar $5 millones de dólares en los próximos cinco años con la venta de productos reciclables.

Por último, organizar y poner en práctica el programa de reciclaje obligatorio será una tarea sencilla. Solo se deben sacar dos botes de basura a la calle cada semana: un bote grande y azul para desechos reciclables y un bote pequeño de metal para la basura. Todos los desechos reciclables: papel, plástico, vidrio y metal, irán al bote azul. La aplicación del programa también será fácil. Los recolectores de desechos reciclables primero emitirán una advertencia para los infractores colocando etiquetas rojas en los botes de quienes no estén separando la basura. Después de dos advertencias, a los hogares se les aplicará una multa de $5 por cada infracción, y a las residencias multifamiliares y locales comerciales, una multa de $50.

Como ciudadanos de Hope Valley y de Estados Unidos, a todos nos debería preocupar la ciudad y el país en el que vivimos. El reciclaje obligatorio es una manera sencilla de mantener la belleza de nuestra ciudad y llevar adelante un estilo de vida sostenible.

Reunión de la ciudad de Hope Valley

Wilfred Grimly, orador en la sesión de comentarios públicos

Toda esta idea del reciclaje obligatorio es sencillamente una locura. El argumento de que se está acabando el espacio de los vertederos es demasiado exagerado. En la década de 1990, un estudio realizado por el Instituto Cato descubrió que un vertedero de 15 millas cuadradas podría contener toda la basura que Estados Unidos produciría en los próximos 1,000 años. Hay estudios más recientes que demuestran que, en realidad, tenemos más espacio en los vertederos por persona que el que teníamos 30 años atrás.

El reciclaje obligatorio es costoso. Las ciudades que lo han implementado, como San Francisco, han experimentado un incremento en sus costos de manejo de la basura. Es necesario contratar una mano de obra más costosa para que lleve adelante el programa. Se deben comprar camiones más especializados para recoger los desechos reciclables. Se necesitan más lugares de recolección y estos deben estar equipados con tecnología más costosa. ¡Todo esto cuesta mucho dinero! Ya pagamos impuestos y tasas demasiado elevados, por lo que indudablemente no queremos que salga más dinero de nuestros bolsillos para solventar esto.

Además, el reciclaje obligatorio es una pérdida de tiempo y genera muchas complicaciones. Cuando regreso a mi casa de trabajar, estoy cansado. Lo último que quiero hacer es dedicar mi valioso tiempo a revolver un desagradable cesto de basura para separar el vidrio, el papel y las latas, y distribuirlos en diferentes botes y recipientes. ¿Quién tiene tiempo para esto? Sé que yo no lo tengo.

Lo que es más importante aún: el reciclaje obligatorio contradice los valores estadounidenses. Somos un país fundado sobre la base de la libertad, por lo que nunca deberíamos ser obligados a reciclar. Un gobierno lo suficientemente poderoso para obligarnos a reciclar y multarnos por las infracciones tiene suficiente poder para apoderarse de nuestras vidas. ¿Qué vendrá después? ¿El ratoncito Pérez nos obligará a usar hilo dental? La decisión de reciclar debería ser nuestra y nunca se nos debería obligar a hacerlo bajo la amenaza de multas.

¡Hagámosle frente a esta situación! ¡Digámosle al gobierno que no se entrometa en nuestras vidas y que no nos obligue a reciclar!

Tema para redactar

Un defensor y un opositor dan sus opiniones sobre el reciclaje obligatorio, el espacio en los vertederos y los costos y beneficios del reciclaje.

En su respuesta, analice las dos opiniones para determinar cuál tiene mejor fundamento. Use información relevante y específica de las lecturas para apoyar su respuesta.

Puede tardar aproximadamente 45 minutos en completar esta tarea.

Recuadro de planificación

RESPUESTAS CORTAS DE CIENCIAS

El examen de Ciencias de GED® incluye dos preguntas de respuesta corta. Se le pedirá que lea uno o más pasajes y luego que escriba sobre ellos. En el examen de ciencias, los pasajes serán argumentos. Para estas preguntas, leerá un pasaje, una gráfica, una tabla o un diagrama. Luego, se le hará una pregunta sobre el material. Su respuesta puede estar formada por varias oraciones o por un par de párrafos.

Para prepararse para el examen, lleve un registro de cuánto tarda en escribir las respuestas. El tiempo sugerido es 10 minutos para cada pregunta de respuesta corta.

Ciencias: 10 minutos en total

1. Leer y analizar: 5 minutos
2. Planificar y escribir: 5 minutos
3. Corregir y revisar: cuando termine, tómese un minuto para leer su respuesta, verifíquela y corríjala si fuera necesario.

Cada respuesta se calificará individualmente con base en la pregunta y al contenido. En las respuestas y ejemplos que aparecen a partir de la página 124, encontrará notas sobre lo que debería incluir una buena respuesta.

1: Ley de conservación del momento

Como parte de un curso de física, un grupo de estudiantes de escuela preparatoria sometió a prueba la ley de conservación del momento. El plan del maestro era que los estudiantes trabajaran en siete grupos que usarían el mismo procedimiento y equipo, registrarían las mismas mediciones y combinarían los datos. El laboratorio resultó ser pequeño y solo dos grupos pudieron trabajar en las mesas del laboratorio. Había espacio para que otros dos grupos trabajaran en el piso. Los otros tres grupos trabajaron en el gimnasio, en un pasillo de concreto y en el patio de la escuela.

Cada grupo de trabajo usó los siguientes materiales:

- $esfera_1$ de acero, 25.4 mm (1 pulgada) de diámetro, con una masa de 67 kg
- $esfera_2$ de acero, 19 mm (0.75 pulgadas) de diámetro, con una masa de 28 kg
- dos sensores *photogate*, dispositivos de laboratorio que miden la velocidad de un objeto

Cada grupo siguió el mismo procedimiento. Primero colocaron los dos sensores *photogate* sobre una línea, a una distancia de 76 mm (3 pulgadas) uno del otro, y colocaron la $esfera_2$ entre ellos. Luego, el grupo lanzaría la $esfera_1$ sobre esa línea, con la suficiente rapidez como para mover la $esfera_2$ pero con la suficiente lentitud como para que la $esfera_1$ se detuviera inmediatamente después de la colisión. El primer sensor *photogate* mediría la velocidad de la $esfera_1$ antes de la colisión. El segundo sensor *photogate* mediría la velocidad de la $esfera_2$ inmediatamentedespués de la colisión.

Los estudiantes recopilaron los datos y calcularon la diferencia entre el momento inicial (p_i) y el momento final (p_f). Si fuesen iguales, el cambio en el momento indicado en la tabla debería ser 0 o próximo a 0. La diferencia para la prueba 3 fue 0.04, que es próxima a 0. Los demás resultados varían entre 0.15 y 2.72.

Ensayo	Superficie	Cambio en el momento (*pi–pf*)
1	mesa del laboratorio	0.60
2	linóleo	0.15
3	madera	0.04
4	concreto	0.82
5	patio de la escuela	2.72
6	mesa del laboratorio	0.15
7	linóleo	0.26

¿Por qué los diferentes grupos de laboratorio obtuvieron resultados distintos? Describa cómo se podría evitar eso en el siguiente grupo de ensayos combinados.

Puede tardar aproximadamente 10 minutos en completar esta tarea.

2: Estudio sobre el choque de puños

Saludarse chocando los puños cerrados es saludable. Un grupo de investigadores en el Reino Unido lo comparó con chocando las palmas extendidas y con el más tradicional apretón de manos. Hallaron que el contacto entre los puños propaga menos bacterias. Los hallazgos del estudio se difundieron rápidamente.

El estudio estaba diseñado para ayudar a los médicos y otros profesionales de la salud, que están expuestos a los gérmenes de pacientes enfermos a diario. Parecía una buena idea estudiar cómo los gérmenes se podían propagar a otros pacientes.

En el estudio, no hubo un contacto real de piel a piel. Los investigadores les pidieron a los participantes que usaran guantes desechables. En cada ensayo, un participante se colocaba un guante en una mano y la introducía en un recipiente con bacterias. Se dejaba secar el guante. Luego, esa persona con el guante que había estado en contacto con los gérmenes saludaba a otra que estaba usando un guante limpio con un apretón de manos, chocando las palmas o chocando los puños. El guante receptor se retiraba y se colocaba en un líquido que recogía las bacterias. A continuación, se hacía un recuento de las bacterias.

El resultado fue que se transferían menos bacterias con el choque de puños. Había más bacterias que pasaban de un guante a otro durante el choque de palmas, porque la palma de la mano tiene un área mayor que el puño cerrado. Como era de esperar, el apretón de manos producía la mayor transferencia de gérmenes. Aproximadamente dos veces más bacterias pasaban de una mano a otra con un apretón que con un choque de manos. Los investigadores también señalaron que la trasmisión de gérmenes estaba relacionada con la duración y el contacto de la piel en los saludos. Aparentemente, un período más prolongado de contacto les da a los gérmenes más tiempo para pasar de una mano a otra.

Pero, ¿es verdad que el área de piel y el tiempo son importantes en la trasmisión de gérmenes, o tiene que ver algún otro factor? El choque de puños resultó ser el saludo más higiénico. Los otros dos saludos involucraban a la palma de la mano. ¿La palma de la mano tiende a acumular más gérmenes que el puño cerrado? La palma de la mano de los médicos es una fuente muy conocida de gérmenes que puede propagar las llamadas "infecciones asociadas con la atención médica". De hecho, los Centros para el Control y Prevención de las Enfermedades (CDC) estimaron que el 4 por ciento de los pacientes hospitalizados se transforman en víctimas de estas infecciones. La *revista de la Asociación Médica Estadounidense* incluso sugirió prohibir los apretones de manos en los hospitales.

¿Cuál es la hipótesis del estudio sobre el choque de puños? Reformúlela para aplicarla más generalmente a la propagación de bacterias mediante el contacto.

Puede tardar aproximadamente 10 minutos en completar esta tarea.

3: Ensayo con EZ Slim

Una compañía afirma que tiene un producto para adelgazar que realmente funciona y es sorprendentemente fácil de usar. Solo hay que tomar tres cápsulas por día y perderá rápidamente esas libras de más. No tiene que ingerir comidas envasadas, pesar sus alimentos, usar una gráfica ni contar los carbohidratos. Tampoco tiene que hacer ejercicio. Lo único que debe hacer es tomar una cápsula con cada comida principal: desayuno, almuerzo y cena. La compañía publicó una gráfica que muestra la diferencia entre el grupo de ensayo que usó el producto y un grupo de comparación que no lo usó.

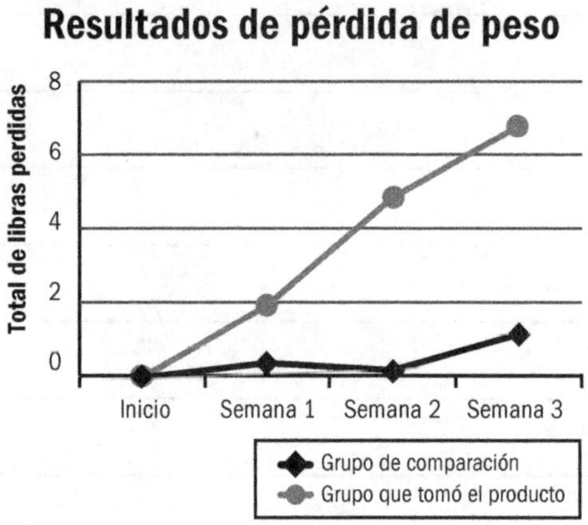

Esto suena genial, ¿no le parece? Pero, ¿son creíbles las afirmaciones de la compañía? En la publicidad, la verdad se presenta de la manera más atractiva posible. Sin embargo, hay algunas preguntas que un consumidor inteligente debería hacer:

1. No tiene que comer comidas envasadas, pero ¿qué *puede* comer?
2. No tiene que pesar sus alimentos, pero ¿qué cantidad se considera "moderada" en una comida principal?
3. ¿Importa qué alimentos ingiera, siempre y cuando coma una cantidad "moderada"?
4. ¿Por qué no tiene que hacer ejercicio?
5. ¿Qué hay de las meriendas?
6. ¿Qué comió exactamente el grupo de comparación?

Hay otras preguntas sobre el grupo de comparación: ¿Qué comieron? ¿Qué similitudes tenían con el grupo que tomó el producto en cuanto a la edad, la distribución de género y el peso inicial? ¿Hicieron ejercicio? Lo que es más importante aún: ¿los alentaron a comer con moderación, tal como lo hizo el grupo que tomó el producto?

¿Cuál es una de las fortalezas de esta investigación y cuál es la peor de sus debilidades?

Puede tardar aproximadamente 10 minutos en completar esta tarea.

4: Disruptores endócrinos

Los disruptores endócrinos son sustancias químicas que pueden interferir con el sistema endócrino (u hormonal) de un organismo y producir efectos adversos. Existen muchos posibles disruptores endócrinos en nuestro medio ambiente, por ejemplo, BPA (se encuentra en los plásticos), dioxinas (se encuentran en los alimentos), PFC (se encuentran en sartenes y ollas antiadherentes), así como plomo, arsénico y atrazina. Los herbicidas con atrazina se han usado tanto que ahora el compuesto aparece en niveles tóxicos en el agua superficial y el agua potable.

Se ha descubierto que la atrazina en el agua de estanques afecta la laringe y el sistema reproductivo de las ranas macho. Un grupo de investigadores de la Universidad de California, en Berkeley, examinó los efectos de la atrazina. Dedujeron que la atrazina podría estar provocando que la hormona testosterona se convierta en estrógeno y que este fenómeno estaría generando problemas reproductivos en las ranas macho.

Es posible que una laringe más pequeña tenga un efecto indirecto en la reproducción de las ranas. La rana macho la usa para llamar a las hembras durante la época de apareamiento. Las poblaciones de ranas y otros anfibios han estado disminuyendo durante años. ¿Podría deberse esta disminución a los disruptores endócrinos?

Los investigadores examinaron renacuajos en el laboratorio. Para el experimento, se colocaron 30 renacuajos en cada pecera. Se mantuvo la misma temperatura ambiente, horas de iluminación y cantidad de agua y alimentos disponibles para todos los renacuajos. La única diferencia fue que algunos se criaron en agua sin atrazina, mientras que otros se criaron en agua con atrazina.

La tabla muestra las mediciones promedio en todas las pruebas. La abreviatura *ppb* significa "partes por cada mil millones". Significa que *x* partes de atrazina se disolvieron en mil millones de partes de agua.

Concentración de atrazina en agua (ppb)	Área promedio de la laringe en machos (mm^2)	Área promedio de la laringe en hembras (mm^2)
0	0.086	0.060
0.1	0.101	0.078
1.0	0.088	0.077
1.0	0.074	0.052
25	0.078	0.060
200	0.088	0.064

Los investigadores concluyeron que los datos respaldaban su hipótesis. Los resultados más significativos se hallaron en machos criados con más de 1.0 ppb de atrazina en agua. En estos machos, la laringe era generalmente más pequeña que en los machos del grupo de control. El análisis estadístico sugirió un efecto de respuesta a la dosis; es decir, el tamaño de la laringe de ranas macho disminuía a medida que la concentración de atrazina aumentaba.

Diseñe una investigación científica controlada de otro posible disruptor endócrino.

Puede tardar aproximadamente 10 minutos en completar esta tarea.

5: Vehículos de pila de combustible

Al igual que las baterías, las pilas de combustible generan electricidad al transformar la energía química en energía eléctrica. Pero a diferencia de las baterías, la energía química en las pilas de combustible se almacena en hidrógeno gaseoso. La energía se libera cuando las moléculas de hidrógeno gaseoso se dividen en iones positivos y electrones. Los iones positivos de hidrógeno se unen al oxígeno que extraen del aire. Los electrones se usan para la energía eléctrica. El único producto derivado de esta reacción es el agua. El único contaminante es el calor residual.

El hidrógeno en una pila de combustible puede provenir de una variedad de fuentes. Sin embargo, el hidrógeno puro no existe en la naturaleza. Se debe extraer del agua o de otras sustancias, como combustibles fósiles, que son ricos en hidrocarburos. Se debe usar energía para separar al hidrógeno de estas sustancias. Al momento de producirse el hidrógeno, se genera contaminación cuando se usan combustibles fósiles.

Las pilas de combustible son muy ecológicas en su punto de uso, sin importar de dónde se origina el hidrógeno. En los automóviles que usan pilas de combustible, la contaminación de la fuente original queda en otra parte y los autos no contaminan cuando están en funcionamiento.

Los automóviles de pila de combustible se alimentan del sol, el viento o de otra fuente de energía limpia y renovable, y podrían ser un excelente beneficio para el futuro. Pero la producción de energías limpias y renovables no se halla en los estándares óptimos. En realidad, más del 80 por ciento de la energía usada en los Estados Unidos proviene de combustibles fósiles. No resulta probable que la población estadounidense, que tanto ama a los autos, guarde sus vehículos de pila de combustible en el garaje mientras espera que aparezca la energía limpia. Si se desarrollan vehículos de pila de combustible, se necesitará más hidrógeno gaseoso. Pero si no se desarrollan otras energías más ecológicas, la producción de hidrógeno probablemente supondrá el uso continuado de combustibles fósiles. Se continuarán usando las energías no renovables y seguirá habiendo contaminación atmosférica. Es posible que la fabricación de vehículos de pila de combustible no resulte beneficiosa, cuando se consideran todos estos factores.

¿Cuál es la evidencia específica en el texto que indica que los vehículos de pila de combustible son una buena opción para los conductores que viven en las ciudades?

Puede tardar aproximadamente 10 minutos en completar esta tarea.

6: Hepatitis E

Para los investigadores médicos, una dificultad en el muestreo es determinar la prevalencia de un trastorno en una población grande. Quizá la mejor manera de hacerlo es tomar muestras en forma aleatoria. Hay una serie de factores que afectan la exactitud de una muestra aleatoria, por ejemplo, el porcentaje de la población total de la que se extrae la muestra. Porcentajes más grandes arrojan resultados más exactos. Pero a menudo no es posible ni costeable usar un grupo grande.

Un grupo de investigación en Inglaterra usó sus recursos para estimar la prevalencia de la hepatitis E en la población del país. En vez de hacer un muestreo aleatorio, analizaron 225,000 donaciones de sangre obtenidas en el sureste de Inglaterra en el transcurso de un año. Este enfoque fue relativamente económico y conveniente. No se usaron recursos adicionales para llegar a la comunidad y obtener muestras representativas.

Los investigadores descubrieron que 79 de los donantes de sangre tenían hepatitis E. Calcularon la prevalencia entre los donantes de sangre: 79 en 225,000 equivale a 1 en 2,848. Aplicaron esa información a la población del país. La prevalencia de 1 en 2,848 significaba que posiblemente 22,000 de los 63 millones de habitantes de Inglaterra eran portadores del virus.

Los investigadores se dieron cuenta de que los donantes de sangre no representaban a toda la población del país. Pero también sabían que este tipo de muestra, llamada muestra de conveniencia, era útil para estudios de exploración. En la revista médica británica *Lancet*, los investigadores médicos señalaron que la hepatitis E parecía estar extendida en la población inglesa. También informaron que el virus raramente hacía enfermar a las personas, pero era un peligro para algunos pacientes con sistemas inmunológicos débiles que recibían la sangre infectada. Como consecuencia, los investigadores sugirieron que todas las donaciones de sangre se analizaran para detectar la enfermedad.

Al otro lado del espectro, los Centros para el Control y Prevención de las Enfermedades (CDC) muestran qué se puede hacer cuando los recursos no son limitados. Desde 1957, han estado realizando la Encuesta Nacional de Entrevistas de Salud. Cada año, los CDC hacen entrevistas en miles de hogares de una muestra diseñada para representar a la población estadounidense. Los resultados de la encuesta se usan para evaluar la salud de la nación y planificar los programas de salud. Los resultados se divulgan al público. Los investigadores médicos y de organizaciones no gubernamentales en el ámbito de la salud a veces usan los resultados de la encuesta para efectuar otros estudios.

¿En qué consiste el muestreo? ¿Cómo demostró que la hepatitis E estaba extendida en la población inglesa?

Puede tardar aproximadamente 10 minutos en completar esta tarea.

7: Narcolepsia

Un grupo de investigadores de la Universidad de Stanford informó recientemente que la narcolepsia, un grave trastorno del sueño, es una enfermedad autoinmune. En este tipo de trastornos, el organismo es atacado por su propio sistema inmunológico. Los investigadores de Stanford descubrieron que en la narcolepsia, el sistema inmunológico ataca y destruye los tejidos que elaboran un neurotransmisor llamado orexina, que ayuda a las personas a mantenerse despiertas. La falta de la orexina provoca somnolencia durante el día. También aumenta el riesgo de dormirse repentinamente, a veces poniendo a las personas en situaciones de peligro.

La investigación de Stanford mostró que las células T humanas atacan a las neuronas del cerebro que se encargan de producir la orexina. Estos ataques de las células T son más fuertes en las personas con narcolepsia que en las personas que no padecen la enfermedad. Otra investigación halló que las células T atacan un fragmento de una proteína en particular de la molécula de orexina. Ese fragmento de proteína es similar a uno proveniente de un microbio que puede enfermar a las personas. La narcolepsia a veces se presenta después de un episodio de gripe H1N1. La función del sistema inmunológico es atacar a los microbios peligrosos. Cualquier ataque a las neuronas del cerebro es un error.

Como la Universidad de Stanford es una de las instituciones más prestigiosas del país en el campo de la ciencia, el estudio acaparó la atención de la comunidad científica. Los investigadores obtuvieron el mismo nivel de atención seis meses más tarde, cuando debieron retractarse de los resultados del estudio. En la retractación, manifestaron que no habían podido replicar uno de sus principales hallazgos. *No* detectaron una respuesta autoinmune más fuerte en las células T en personas con narcolepsia en comparación con las personas que no padecían la enfermedad.

Los científicos están siempre buscando datos más actualizados y mejores. Además, deben estar dispuestos a cambiar sus conclusiones cuando obtienen información nueva. Por ejemplo, las publicaciones revisadas por expertos, como *Science Translational Medicine*, les piden a otros científicos que revisen los informes de investigación que se envían para ser publicados. Estos expertos se encargan de buscar errores de procedimiento y conclusiones débiles. También es común que los resultados científicos sean revisados por otros científicos luego de que los informes se han publicado. Al igual que los investigadores de Stanford, muchos científicos repiten sus propios experimentos después de divulgarlos. Retractarse sobre los resultados de un estudio no es común, pero es parte del proceso científico normal.

¿Qué datos o evidencias en el texto respaldan la idea de que la narcolepsia es un trastorno autoinmune? ¿Qué datos o evidencias en el texto cuestionan esa idea?

Puede tardar aproximadamente 10 minutos en completar esta tarea.

8: Movimiento de proyectiles

El movimiento de proyectiles describe qué sucede con una bala de cañón luego de ser lanzada, una flecha luego de ser impulsada desde el arco y una pelota de básquetbol en su trayectoria hasta la red. La única fuerza que interviene es la de la gravedad. Esto supone que no hay rozamiento ni fricción con las partículas del aire. Solo la velocidad del proyectil (bala de cañón, flecha o pelota) y el ángulo de proyección tienen un efecto.

Cosas que siempre suceden:

- El proyectil comenzará a elevarse rápidamente, luego seguirá subiendo más lentamente, dejará de elevarse, comenzará a descender lentamente y luego se acelerará a medida que va cayendo.
- El proyectil tardará la misma cantidad de tiempo en elevarse que en descender.
- La trayectoria del proyectil, si se mira desde un costado, será un arco.
- La velocidad horizontal del proyectil no cambiará.

Cosas que cambian:

- Si se cambia el ángulo del proyectil, la distancia de vuelo horizontal del vuelo cambiará.
- Si se cambia la velocidad del proyectil, la distancia de vuelo horizontal cambiará.
- Si se agrega rozamiento al movimiento del proyectil, la distancia de vuelo horizontal cambiará.

Cosas que no cambian:

- Si la velocidad y el ángulo de dos proyectiles son iguales, las diferencias en la masa no afectarán su movimiento.
- Cualquier proyectil que se impulse horizontalmente no recorrerá una gran distancia.
- Se puede producir un rango horizontal igual de corto lanzando con un ángulo muy abierto que lanzando horizontalmente (ángulo = 0).

Considere este ejemplo: Un mariscal de campo desea arrojar la pelota más lejos. Intenta lanzarla a diferentes ángulos y mantiene la misma velocidad al usar la misma cantidad de fuerza. Uno de sus amigos mide la distancia de cada tiro. Otro amigo usa un transportador y lo sostiene a la altura del brazo para medir los ángulos. Sus mediciones combinadas producen los datos de la derecha.

Ángulo (grados)	Distancia (m)
81	10.4
29	30.1
5	12.2
39	33.8
71	20.8
50	33.5
45	34.2
47	34.1
37	33.3
42	34.2

¿Qué tendencias se observan en los datos? ¿Qué ángulos producen la mayor distancia?

Puede tardar aproximadamente 10 minutos en completar esta tarea.

9: Reacción de bicarbonato

Es fácil preparar un aderezo para ensalada en casa. Se mezcla aceite, vinagre, especias y hierbas. Pero quizá le parezca que la preparación quedó demasiado ácida, lo que significa que usó demasiado vinagre. Una base puede neutralizar un ácido. La base más común que se encuentra en la cocina es el bicarbonato de sodio. El vinagre y el bicarbonato de sodio pueden crear una espectacular simulación de un volcán, pero no quedará bien como aderezo de la ensalada. Otra sustancia básica es el antiácido hecho con carbonato de calcio.

¿Qué pasaría si agrega carbonato de calcio al vinagre? El vinagre es ácido acético ($C_2H_4O_2$) en agua (H_2O). El carbonato de calcio es $CaCO_3$. Cuando se combinan, se obtiene acetato de calcio (una sal), cuya fórmula química es $Ca(CH_3COO)_2$, además de burbujas de dióxido de carbono (CO_2), y más agua. Esta es la ecuación de la reacción:

$$2C_2H_4O_2 + H_2O + CaCO_3 \rightarrow Ca(CH_3COO)_2 + CO_2 + 2H_2O$$

En cualquier reacción ácido-base, una parte de la molécula del ácido se combina con una parte la molécula de la base para formar una sal, y el resto de las moléculas se combinan para formar agua.

Observe que hay dos moléculas de ácido acético: $2C_2H_4O_2$. Si hubiera solo una molécula de ácido acético, la reacción vinagre-antiácido no se produciría. La reacción requiere dos veces más ácido acético que agua o carbonato de calcio para que se pueda producir.

Las ecuaciones químicas deben estar balanceadas. Observe que la cantidad de átomos de cada elemento de la izquierda de la flecha es la misma que la cantidad de átomos de cada elemento a la derecha. Por ejemplo, los átomos de oxígeno (O) a la izquierda suman ocho. También hay ocho átomos de oxígeno (O) a la derecha.

Un remedio común para el malestar de estómago es el bicarbonato de sodio ($NaHCO_3$). Cuando lo mezcla con un poco de agua y se lo bebe, la combinación reacciona con el ácido estomacal que le está provocando malestar. El ácido del estómago es el ácido clorhídrico (HCl). Los productos finales de esta reacción química en el estómago son el dióxido de carbono, que provoca eructos, cloruro de sodio (sal de mesa) y agua. Los antiácidos con carbonato de calcio básicamente actúan de la misma manera que el bicarbonato de sodio.

Use símbolos químicos estándar para expresar la reacción del bicarbonato de sodio descrita en el texto.

Puede tardar aproximadamente 10 minutos en completar esta tarea.

10: Energía cinética

La ley de conservación de la energía se puede aplicar a una simple polea para fabricar un sistema de contrapeso. Las masas A y B se pueden colocar de manera tal que se equilibren entre sí y que ninguna se mueva. Si ninguna se halla sobre una superficie y la masa B es más grande que la masa A, la polea se verá como en la siguiente ilustración. Ambas masas tendrán algo de energía potencial debido a su altura y ninguna tendrá energía cinética porque no se están moviendo.

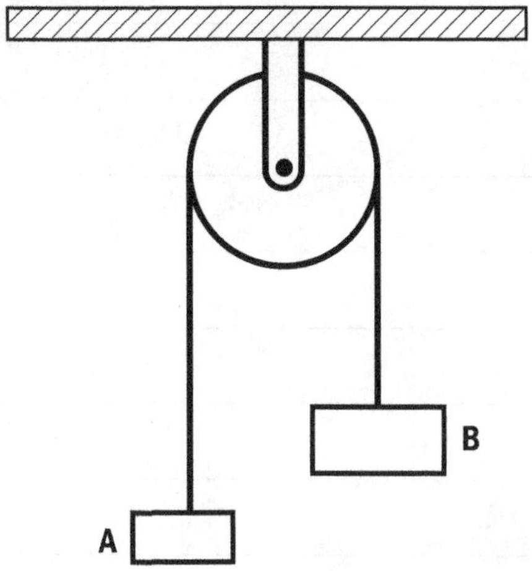

Si se agrega energía cinética al sistema al jalar de la masa B, esta perderá la energía potencial al descender. La masa A se elevará y ganará energía potencial. Otra manera de mover la masa B hacia abajo es cortar el cable. Así, toda la energía potencial se transformará en energía cinética al caer. (Ocurriría lo mismo si se cortara el cable de la masa A).

También puede mover la masa B hacia abajo al agregar algo de energía cinética para empujar la masa A hacia arriba. Si se imagina esto, verá que es más fácil empujar la masa A hacia arriba en el sistema de polea que levantarla sin la polea. Sin la polea, estaría suministrando toda la energía cinética para mover la masa A hacia arriba. Con el sistema de polea, solo puede suministrar *una parte* de la energía cinética. La energía potencial de la masa B se transforma en energía cinética para proporcionar el resto.

A principios de 1900, se usó un sistema de contrapeso en el funicular eléctrico de Seattle. Una de las rutas incluía una pendiente pronunciada. Cuando un tranvía llegaba a la cima o al pie de esta colina, el chofer lo conectaba con una pesa de 16 toneladas en un cable que se movía en la dirección opuesta del tranvía. Esto ayudaba a que el tranvía subiera la colina. También era menos necesario frenar cuando el tranvía se desplazaba colina abajo.

Explique con sus propias palabras cómo un tranvía con contrapeso usa menos energía cinética al subir la colina que un tranvía que no tiene ningún contrapeso. Use los conceptos de la conservación y transformación de la energía.

Puede tardar aproximadamente 10 minutos en completar esta tarea.

11: Agua potable en Toledo

En el verano de 2014, los residentes de Toledo, Ohio, recibieron una advertencia: ¡No beban el agua! Se detectaron toxinas, llamadas microcistinas, en el suministro de agua de la ciudad. Durante los dos días que duró la prohibición, se les dijo a los residentes que no podían beber agua corriente, ni usarla para cepillarse los dientes o preparar alimentos.

Las microcistinas son producidas por cianobacterias (algas verdeazuladas). Las floraciones nocivas de estas algas se pueden producir cuando el agua está tibia, hay mucha luz solar y aumenta la cantidad de nutrientes disponibles. Las cianobacterias se multiplican rápidamente y luego mueren. Al morir, estos organismos unicelulares liberan las microcistinas. Las microcistinas tóxicas pueden provocar daños en el hígado puesto que matan las células hepáticas. En los animales, las microcistinas causan diarrea, vómitos, debilidad e incluso la muerte.

Los nutrientes que inician la floración nociva de algas provienen de diversas fuentes. Las cianobacterias usan los mismos nutrientes, en particular, nitrógeno y fósforo, que se usan para tratar los cultivos agrícolas. Estos nutrientes se hallan en los fertilizantes químicos y el estiércol de vaca.

El estiércol de vaca en el campo se suele considerar una alternativa más segura para el medio ambiente que los fertilizantes químicos, puesto que sus nutrientes se liberan lentamente. Sin embargo, algunos agricultores distribuyen el estiércol en los campos muy al inicio de la primavera, antes de que la nieve se haya derretido. La idea es que a medida que la nieve se derrita, el suelo recibirá una mezcla de agua y nutrientes que aumentará la producción de los cultivos. Pero muchos de los nutrientes se escurren por la tierra hasta llegar a los arroyos. Cuando se usan fertilizantes químicos en lugar de estiércol, el escurrimiento de nutrientes se produce incluso sin la nieve. Muchos arroyos confluyen para formar ríos que finalmente desembocan en los lagos, como el lago Erie. Asimismo, las aguas residuales tratadas de la ciudad de Toledo se descargan en el lago Erie. Si no se tratan eficazmente, algunos nutrientes de esa fuente terminan desembocando también en el lago.

La prohibición de beber agua potable en Toledo se atribuyó a la floración nociva de algas en el lago Erie. Pero estas floraciones se han vuelto más frecuentes en el lago Erie en los últimos años. Cada vez más se han detectado microcistinas en los suministros de agua de todo el mundo. El problema se ha generalizado y conlleva tal gravedad que la Organización Mundial de la Salud ha establecido un límite de 1.5 microgramos de microcistinas por litro de agua.

Es posible que haya muchas razones que expliquen el aumento de las microcistinas, pero definitivamente una de ellas es el incremento de fósforo. Básicamente, hay dos cosas que provocan el aumento de fósforo: el crecimiento continuo de la población humana (alrededor del lago Erie y en el resto del mundo) y los incesantes intentos de producir más alimentos por acre de tierra.

Suponiendo que todo continúa como se describe en esta situación, ¿qué pueden prever los habitantes de Toledo que ocurrirá con el agua potable de la ciudad en el futuro?

Puede tardar aproximadamente 10 minutos en completar esta tarea.

12: Diagramas de cuerpo libre

Los diagramas de cuerpo libre se usan en los campos de la física y la ingeniería para analizar las fuerzas que actúan en un objeto a la misma vez. Los objetos no se suelen encontrar aislados en el mundo real, pero este tipo de diagrama resulta útil. Por ejemplo, si usted quisiera determinar si el diseño de un puente funcionaría en la vida real, podría analizar cada una de sus piezas individualmente.

Al crear un diagrama de cuerpo libre, hay una serie de reglas a seguir y símbolos que se deben usar:

- Una flecha representa una fuerza. La punta de la flecha apunta en la dirección en que se aplica la fuerza.
- Un número y una unidad abreviada al final de una flecha muestran la magnitud de la fuerza.
- La combinación de una flecha y un número se denomina *vector*. Un vector tiene magnitud y dirección.
- Dos vectores se pueden usar para representar la fuerza aplicada en un ángulo. Un vector representa la cantidad de fuerza vertical y el otro representa la cantidad de fuerza horizontal.
- El objeto de estudio se puede representar mediante un cuadro.
- Si un vector toca el cuadro en la mitad de un lado, suponga que la fuerza actúa en el centro del objeto.
- La suma de los vectores indica en qué dirección se moverá el objeto. Si la suma es 0, el objeto no se moverá.

La caja en el siguiente diagrama de cuerpo libre representa la pared de ladrillos de un jardín. La flecha hacia abajo representa el peso, en newtons, de una maceta sobre la pared. (El peso es una medida de la fuerza de gravedad). La flecha hacia arriba representa la fuerza que empuja hacia arriba desde cualquier superficie. Puede resultar raro, pero la tierra o una superficie que se encuentre sobre ella (como una pared de ladrillos) empuja en dirección contraria hacia arriba tanto como el peso empuja hacia abajo sobre ella. Son fuerzas iguales y opuestas.

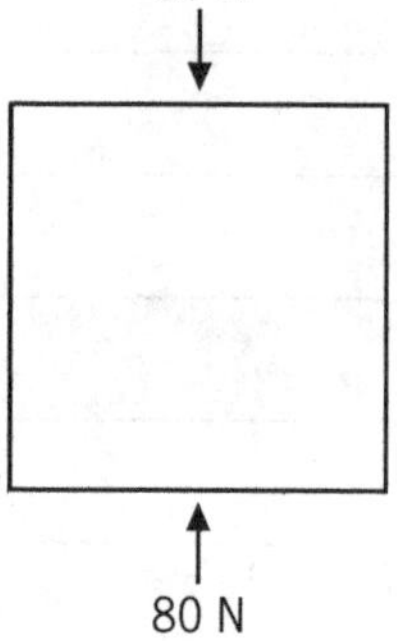

Para hallar la suma de los vectores, tenga en cuenta que la fuerza ascendente es +80 N y la fuerza descendente es −80 N. La suma de las fuerzas es +80 N más −80 N = 0. La pared no se mueve.

¿Cuál diagrama de cuerpo libre muestra correctamente un objeto que se mueve solamente en sentido horizontal hacia la izquierda? Explique por qué los otros diagramas no lo hacen.

Puede tardar aproximadamente 10 minutos en completar esta tarea.

A

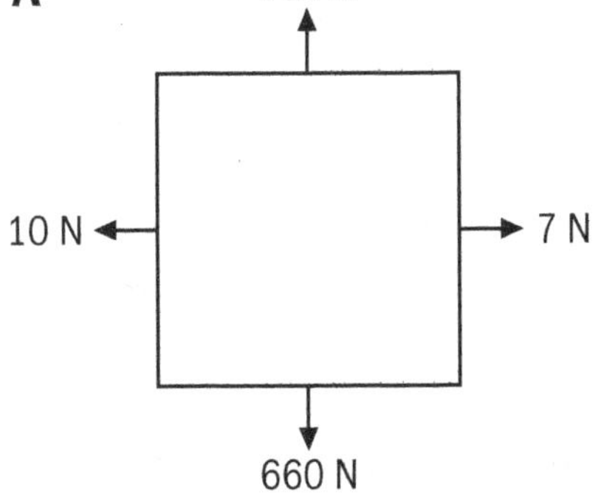

B

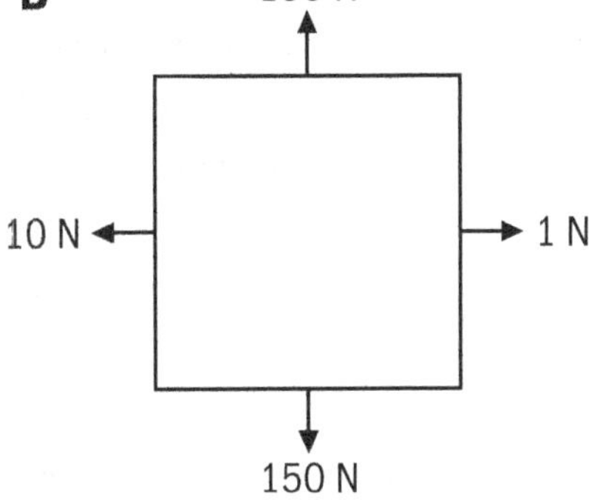

C

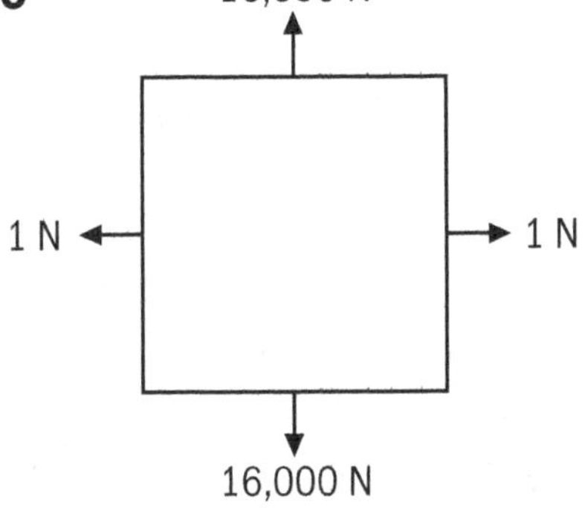

D

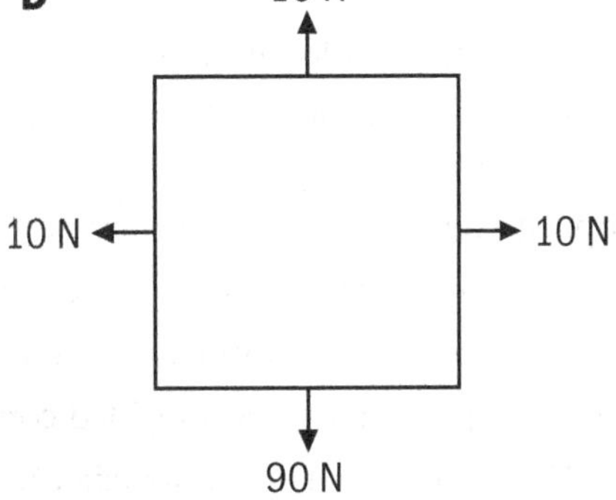

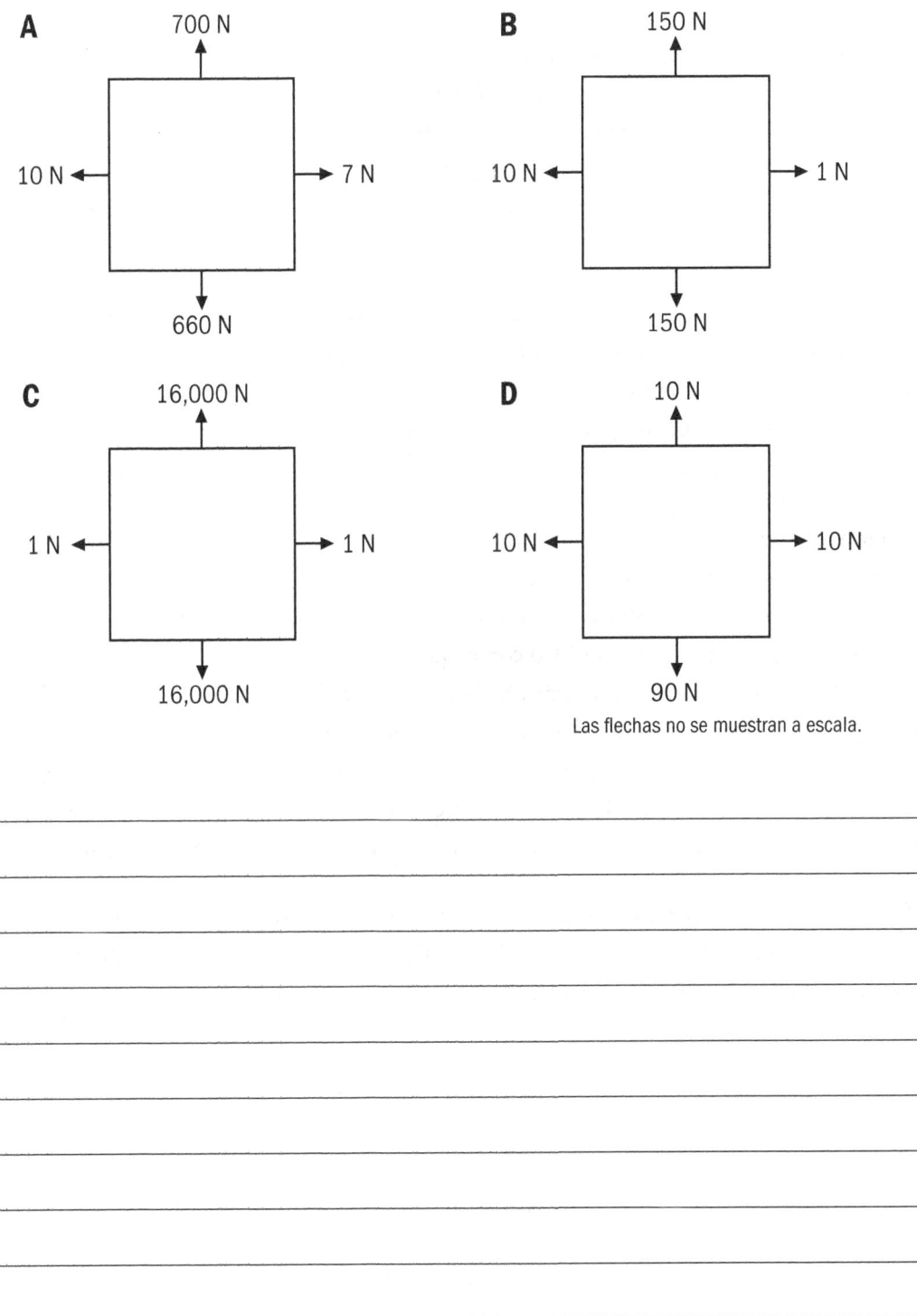

Las flechas no se muestran a escala.

13: Ejercicio y músculos

Los tejidos musculares están compuestos de células. Al igual que las demás, estas células musculares necesitan oxígeno y energía. La energía proviene del trifosfato de adenosina (ATP), que se libera mediante las reacciones químicas de la digestión. Esta energía se almacena como grasa corporal y glucógeno. El oxígeno proviene del aire que respiramos y la sangre lo absorbe en la superficie de los pulmones. Luego, se trasmite a nuestras células mediante los vasos sanguíneos.

El movimiento muscular produce dióxido de carbono que debe ser eliminado del organismo. El dióxido de carbono pasa de las células musculares a los vasos sanguíneos y luego es llevado de regreso a los pulmones, donde lo exhalamos al exterior. Este consumo de energía y producción de dióxido de carbono son la razón por la que comemos y respiramos, y el motivo por el que el corazón bombea sangre a cada una de las células vivas del cuerpo.

El propósito de los ejercicios cardiovasculares es hacer que el corazón sea un órgano más eficaz y eficiente. Cualquier ejercicio cardiovascular aumenta la frecuencia cardíaca y la mantiene durante más tiempo que lo normal. El término "normal" se refiere a la frecuencia cardíaca de reposo, que es la velocidad con la que late el corazón cuando usted está en reposo. Puede aumentar su frecuencia cardíaca sobre el nivel normal al andar en bicicleta, correr, bailar, nadar o practicar cualquier otra actividad física prolongada. Cuanto más extenuante y prolongado sea el ejercicio, más rápido y fuerte latirá su corazón para llevar oxígeno y energía a sus músculos. Con el transcurso del tiempo, el corazón realiza esta función con más eficiencia. Esto disminuye el riesgo de padecer enfermedades cardíacas.

También existen beneficios adicionales. Los ejercicios cardiovasculares aeróbicos, como andar en bicicleta y nadar, disminuyen la presión arterial y mejoran los niveles de colesterol. Los ejercicios que implican soportar peso, como correr y bailar, mejoran la solidez de los huesos.

Considere un ejercicio cardiovascular específico y un músculo esquelético específico y explique cómo la reacción del corazón durante el ejercicio puede fortalecer el músculo.

Puede tardar aproximadamente 10 minutos en completar esta tarea.

14: Deterioro del arrecife de coral

La Gran Barrera de Coral en Australia, que tiene más de 1,000 millas de longitud, está compuesta por una cantidad innumerable de pequeños animales, llamados pólipos de coral. Un pólipo individual de coral es flexible y generalmente transparente. Los pólipos extraen calcio y dióxido de carbono del agua del mar que luego usan para fabricar una parte de sus exoesqueletos, que son muy duros y a menudo filosos.

Los corales tropicales viven en aguas poco profundas y tienen una relación simbiótica con los organismos que se encargan de hacer la fotosíntesis, llamadas *zooxantelas*, una especie de alga microscópica. Estas contienen pigmentos que aportan los colores del coral. Los exoesqueletos de los pólipos son de caliza blanca, pero los pigmentos de las zooxantelas que viven en ellos se pueden apreciar a través de los cuerpos transparentes de la colonia de pólipos. Esto no solo permite que el coral sea colorido, sino que además permite que la luz llegue a las zooxantelas. Al igual que las plantas, las zooxantelas convierten el dióxido de carbono, que se halla en el agua, y el agua misma en azúcares y oxígenos en presencia de la luz solar. Los pólipos de coral se alimentan de estas azúcares y expulsan desechos y dióxido de carbono, que las zooxantelas usan para mantener en funcionamiento el ciclo de alimentación.

Estos arrecifes albergan mucho más que corales y zooxantelas. Muchos animales usan el oxígeno disuelto que se libera durante la fotosíntesis. Los nutrientes en los organismos y sus productos de desecho conforman una red alimentaria compleja y grande. Se cree que el 25 por ciento de toda la vida marina existe en los arrecifes de coral de aguas poco profundas o alrededor de ellos.

A los científicos marinos les preocupan las amenazas que los arrecifes de coral deben enfrentar hoy en día y prevén que la situación empeore:

- A medida que el planeta se caliente, se está produciendo un deshielo y el nivel del mar está subiendo. No se prevé que el crecimiento vertical del coral pueda mantener el mismo ritmo de la elevación del agua. Como consecuencia, los arrecifes de coral recibirán menos luz solar, la fotosíntesis realizada por las zooxantelas disminuirá y las comunidades del arrecife sufrirán.
- El calentamiento global incluye el calentamiento de los océanos. Los corales afectados por la temperatura tienden a desalojar a las zooxantelas y se decoloran. Con el transcurso del tiempo, más y más pólipos afectados mueren y el arrecife no puede albergar su comunidad de criaturas marinas.
- El calentamiento global ha estado produciendo un cambio climático, lo que incluye tormentas de mayor intensidad que lo normal. Los huracanes han provocado daños en los arrecifes en los últimos años.
- El aumento del dióxido de carbono en la atmósfera ha producido la acidificación del océano, que es la disminución del pH del océano.

Indentifique una actividad humana que puede provocar en última instancia el deterioro del arrecife de coral, explique el motivo y sugiera una alternativa para revertir el deterioro.

Puede tardar aproximadamente 10 minutos en completar esta tarea.

15: Índice de calidad del aire

En una calurosa tarde de verano, no es poco común que la calidad del aire en Los Ángeles sea inferior que en otras partes de California. Al visitar el sitio web AirNow de la Agencia de Protección Medioambiental (EPA), puede consultar la calificación de la calidad del aire para cualquier ciudad y estado de todo el país en un día cualquiera. El índice de calidad del aire o AQI de la EPA se basa en una escala relativa y tiene códigos de colores, del verde (bueno) al marrón (peligroso). La EPA desarrolló este índice con la ayuda de datos extraídos de numerosos experimentos que analizaban la respuesta de la salud a los diferentes niveles de contaminantes atmosféricos.

Existen normas para evitar poner en peligro a las personas en las investigaciones científicas. Para protegerlas, es posible que los análisis de sustancias peligrosas se realicen en animales de laboratorio. Los animales también pueden resultar dañados. Por ejemplo, una rata de laboratorio puede morir si queda expuesta a una determinada concentración de ozono. Además, esa concentración de ozono puede tener diferentes efectos en especies más grandes y diferentes, como los seres humanos. Es así que la información de la rata se extrapola, es decir, la información se considera conjuntamente con los demás conocimientos que se tienen y luego se extiende para estimar la respuesta humana a diversas concentraciones de ozono. El índice AQI se basa en dicha extrapolación.

El índice AQI es apenas uno de los varios límites establecidos por estudios de exposición-efecto, también denominados estudios de dosis-respuesta. También existen otros como los límites de exposición de la Administración de Seguridad y Salud Ocupacional (OSHA) a las sustancias peligrosas en el lugar de trabajo y los límites para las sustancias peligrosas en los productos de uso diario que se pueden ingerir o absorber a través de la piel. Los estudios de dosis-respuesta también se usan para hacer lo contrario, es decir, hallar la dosis de algo que obtendrá una respuesta buena.

Por ejemplo, se estudiaron los hábitos de ejercicio de más de 12,000 hombres durante 15 años. Los datos se compararon y se relacionaron con el riesgo de los sujetos de padecer cardiopatías (o enfermedades de corazón). Esta gráfica representa el riesgo relativo (respuesta) para los hombres que practicaban deportes intensos, de acuerdo con el monto de energía que usaban en el ejercicio (dosis). Para la mayoría de este grupo, el riesgo de cardiopatías disminuía a medida que aumentaba la cantidad de ejercicio. Los deportistas más intensos no tenían el riesgo más bajo, pero igualmente era más bajo que el de los hombres que no practicaban ningún ejercicio intenso.

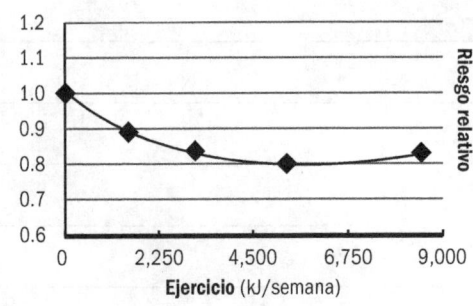

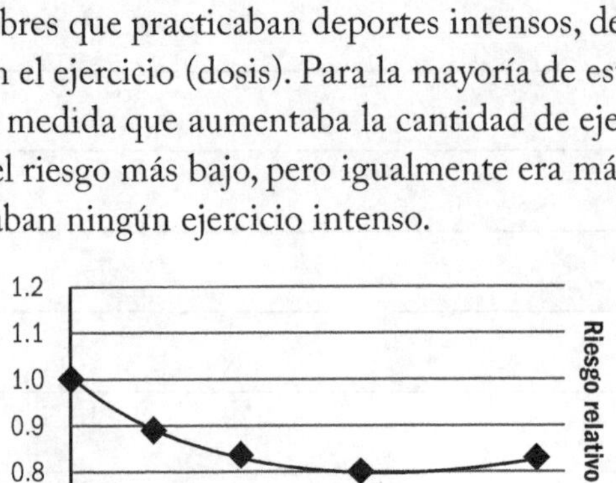

¿Cuál es la variable dependiente en este estudio y cuál es su relación con la variable independiente?

Puede tardar aproximadamente 10 minutos en completar esta tarea.

16: La teoría de la diversión

A los funcionarios del Departamento de Salud de Elmwood les está costando trabajo encontrar la manera de alentar a la gente a hacer más ejercicio. Saben que subir escaleras es un buen ejercicio, pero observan que hay muchas más personas que prefieren las escaleras mecánicas en vez de las tradicionales al salir de la estación de metro del centro de Elmwood.

Los funcionarios de Elmwood escucharon hablar de la teoría de la diversión. Según esta teoría, presentar las cosas de una manera divertida hace que más personas las hagan. Leyeron sobre cómo se podían agregar dispositivos electrónicos para transformar las escaleras convencionales en teclas de un piano gigante que reproducirían música cuando las personas las pisaran. Las investigaciones demostraron que esto alentaba a más personas a usar las escaleras, ayudándolas a ejercitarse más.

Hay dos salidas de la principal estación de metro de Elmwood: la salida este y la salida oeste, y en ambas hay escaleras convencionales y eléctricas adyacentes.

Diseñe un experimento para probar la hipótesis de que hacer que usar las escaleras convencionales sea divertido aumentará el número de personas que las usen, en vez de las escaleras mecánicas. Incluya los siguientes componentes en su diseño experimental: diseño experimental, procedimiento para los métodos de recopilación de datos y criterios para evaluar la hipótesis.

Puede tardar aproximadamente 10 minutos en completar esta tarea.

17: Sistema único de reciclaje

Gianco Industries quiere alentar a sus empleados a reciclar más. La compañía ha estado usando el reciclaje selectivo tradicional mediante el cual cada oficina tiene un cesto de basura normal y en cada pasillo se coloca un cesto de reciclaje con separadores para papel, plástico y metal. La compañía descubrió que muchos empleados arrojan desechos reciclables en los cestos de las oficinas y no usan los botes de reciclaje de los pasillos.

Los líderes de la compañía se enteraron de que existe un sistema único de reciclaje, en el que los cestos de basura tradicionales de las oficinas se reemplazan con botes que aceptan todo tipo de desechos reciclables, como papel, plástico y metal. Estos botes vienen con otro recipiente pequeño para otro tipo de residuos. La compañía tiene ocho oficinas, cada una con la misma cantidad de empleados, ubicadas en todo el país.

Diseñe un experimento para probar la hipótesis de que al usar un sistema único de reciclaje se obtendrán más libras de desechos reciclables que con el reciclaje selectivo. Incluya los siguientes componentes en su diseño experimental: diseño experimental, procedimiento para los métodos de recopilación de datos y criterios para evaluar la hipótesis.

Puede tardar aproximadamente 10 minutos en completar esta tarea.

18: La fractura hidráulica y los problemas en la salud

La fractura hidráulica (fracking) es un método para extraer petróleo y gas natural de pozos que se hallan debajo de la superficie terrestre. Consiste en la perforación horizontal y el bombeo a alta presión de una mezcla de agua y sustancias químicas en el suelo para liberar el gas natural y el petróleo de las formaciones rocosas, para luego bombear los líquidos de regreso a la superficie. Se usan unos 40,000 galones de productos químicos en cada procedimiento de fractura hidráulica para lubricar los pozos y para otros propósitos.

Los críticos de la fractura hidráulica afirman que estos químicos se filtran al agua potable y causan problemas de salud a los residentes locales. Las compañías petroleras manifiestan que los pozos están recubiertos de concreto y que la fractura hidráulica se realiza muy por debajo de donde se encuentran las fuentes de agua potable.

Los residentes del área de Williston, Dakota del Norte, afirman que han sufrido una serie de problemas de salud (dolores de cabeza, convulsiones, cansancio y mareos) desde que se iniciaron las operaciones a gran escala de fractura hidráulica en la ciudad en 2005. Creen que se debe a un aumento en las sustancias químicas tóxicas en el agua subterránea debido a la fractura hidráulica. Las compañías petroleras insisten en que cumplen con las pautas de la Agencia de Protección Medioambiental (EPA) y que los problemas médicos de los residentes no se deben a la fractura hidráulica.

A continuación se presentan los resultados de los análisis de agua subterránea realizados por la EPA cerca de Williston para detectar sustancias químicas tóxicas comúnmente usadas en la fractura hidráulica:

Resultados* de análisis de agua subterránea cerca de Williston, Dakota del Norte

Sustancia química	1995	2000	2005	2010	2015
Cloruro de vinilideno	0.006	0.008	0.01	1.6	18.3
Sorbitol	10.2	11.0	14.3	25	91
Peroxidisulfato de diamonio	1.1	1.0	1.0	1.1	1.0
Destilados de petróleo	2.2	2.1	2.0	1.8	1.9
Borato de sodio	4	5.6	16.7	218.3	9,413.7
Metanol	357	364	400	8,012	27,499
Propanotriol	8.1	6.3	7.9	12.5	56.7
Nitrilotrietanol	113	105	111	152	205

* Todas las cifras del están expresadas en partes por millón

Evalúe si los datos recopilados fundamentan la opinión de que hay un aumento en las sustancias químicas tóxicas en el suministro de agua de Williston.

Puede tardar aproximadamente 10 minutos en completar esta tarea.

19: Cambio climático

A los científicos les preocupa el cambio climático. Una forma en la que estudian nuestro cambiante planeta es a través de los datos de temperatura mundial.

Dos equipos de investigación están desarrollando un estudio usando los datos de temperatura mundial de la Agencia Meteorológica de Japón (JMA). La JMA lleva un registro de las temperaturas en el 85 por ciento del planeta, pero tiene pocos datos sobre el océano Ártico, océano Antártico, Asia y África. Algunos científicos consideran que las técnicas de recolección de datos de la JMA entre 1891 y 1951 eran inexactas debido a técnicas obsoletas de recolección.

Los equipos de investigación elaboran la hipótesis de que un aumento en las temperaturas mundiales de la Tierra mayor a 0.5 grados Celsius desde 1880 es considerablemente superior al promedio de largo plazo y constituye una evidencia del calentamiento global.

Cada equipo analizó los datos de la JMA y extrajo su propia conclusión:

Universidad de Brindom

- Asume que las temperaturas en el 15 por ciento del planeta de las cuales la JMA no posee datos son similares a las áreas de las que sí tiene datos.
- Considera que los datos recopilados entre 1891 y 1951 son exactos.
- Descubre que la temperatura promedio de la Tierra aumentó 0.3 grados Celsius y concluye que la tendencia de calentamiento del planeta está por debajo de su promedio a largo plazo.

Universidad de Phenell

- Usa modelos estadísticos para completar los datos faltantes de las áreas sobre las cuales la JMA no posee datos. Estos modelos muestran que los océanos Ártico y Antártico se están calentando dos veces más rápido que el resto del mundo.
- Corrigió los datos extraídos entre 1891 y 1951 basados en técnicas modernas de recopilación.
- Descubre que la temperatura promedio de la Tierra aumentó 0.8 grados Celcius y concluye que la tendencia de calentamiento del planeta está por encima de su promedio a largo plazo.

¿Cómo es posible que los dos equipos de investigación usen los mismos datos y lleguen a diferentes conclusiones?

Puede tardar aproximadamente 10 minutos en completar esta tarea.

20: La Niña y las inclemencias climáticas

Los fuertes vientos alisios cerca del ecuador crean un fenómeno atmosférico llamado "La Niña". La Niña enfría la zona central y este del océano Pacífico, lo que afecta las lluvias tropicales desde Indonesia hasta la costa oeste de América del Sur. El cambio en los patrones de lluvias influye en el clima de todo el mundo. La Niña suele causar inundaciones en América Central y del Sur y forma un mayor número de huracanes en el océano Atlántico. En los Estados Unidos, La Niña genera un clima más cálido en el invierno que el promedio en el sur del país e inviernos más húmedos en el medio oeste.

Los meteorólogos del Centro de Inclemencias Climáticas se preguntan qué efectos tendrán las temperaturas invernales más altas y el aumento de la humedad en las tormentas de granizo y el registro de tornados en la primavera. Luego de estudiar los modelos informáticos, elaboran dos predicciones para el año 2015:

1. Habrá más tormentas de granizo y oleadas de tornados en el sur de Estados Unidos que lo que sugieren los promedios a largo plazo.
2. Habrá menos tormentas de granizo y oleadas de tornados en el medio oeste de Estados Unidos que lo que sugieren los promedios a largo plazo.

Esta tabla muestra los promedios a largo plazo y las condiciones observadas en tres estados de ambas regiones:

	Promedio a largo plazo de tormentas de granizo y oleadas de tornados, marzo a mayo de 1910 a 2014				**Tormentas de granizo y oleadas de tornados observados, marzo a mayo de 2015**		
	Marzo	Abril	Mayo		Marzo	Abril	Mayo
Medio oeste de Estados Unidos							
Texas	48	42	30		53	56	41
Oklahoma	25	43	55		23	40	59
Kansas	15	32	58		28	35	60
Total en el medio oeste	**88**	**117**	**143**		**104**	**131**	**160**
Sur de EE. UU.							
Alabama	19	37	55		26	45	61
Luisiana	10	19	36		14	22	47
Florida	24	42	63		39	56	78
Total del sur	**53**	**98**	**154**		**79**	**123**	**186**

Evalúe si los datos presentados respaldan las dos predicciones de los meteorólogos sobre las tormentas de granizo y oleadas de tornados en las regiones sur y medio oeste de los Estados Unidos.

Puede tardar aproximadamente 10 minutos en completar esta tarea.

Guía para calificar la respuesta extensa del examen de Razonamiento a través de las Artes del Lenguaje

Característica 1: Creación de argumentos y uso de pruebas	
2 puntos*	• genera argumentos basados en el texto y establece un propósito que tiene conexión con la explicación • cita evidencias relevantes y específicas de los textos fuente para sustentar argumentos (puede incluir ciertas evidencias o afirmaciones irrelevantes o no fundamentadas) • analiza el tema y evalúa la validez de los argumentos en los textos fuente (por ejemplo, distingue entre afirmaciones sustentadas y no sustentadas; hace inferencias razonables sobre premisas o suposiciones subyacentes; identifica razonamientos falaces, evalúa la credibilidad de las fuentes, etc.)
Característica 2: Desarrollo de ideas y de estructura organizativa	
2 puntos*	• contiene ideas que están bien desarrolladas y generalmente lógicas; la mayoría de las ideas están elaboradas • contiene una progresión sensible de ideas con conexiones claras entre los detalles y los puntos principales • establece una estructura organizativa que transmite el mensaje y el propósito de la respuesta; aplica apropiadamente las técnicas de transición • establece y mantiene un estilo formal y un tono adecuado que demuestran su conocimiento del público y el propósito de la tarea • selecciona palabras específicas para expresar claramente sus ideas
Característica 3: Claridad y dominio de las convenciones del español común	
2 puntos*	• demuestra eficazmente una estructura oracional correcta y una fluidez general que resalta la claridad específicamente en relación con las siguientes destrezas: 1. estructura variada en las oraciones dentro de uno o varios párrafos 2. subordinación, coordinación y paralelismo correctos 3. evitar palabras excesivas y estructuras confusas en las oraciones 4. uso de términos y adverbios de transición y de otras palabras que apoyan la lógica y la claridad 5. evitar oraciones unidas sin puntuación ni conjunción, oraciones unidas solo con una coma u oraciones incompletas • demuestra aplicaciones competentes de convenciones específicamente en relación con las siguientes destrezas: 6. uso de los modos indicativo, subjuntivo e imperativo 7. concordancia entre sujeto y verbo 8. uso de pronombres, incluyendo la concordancia con pronombres anteriores, referencias pronominales confusas y función del pronombre 9. colocación de los modificadores y orden correcto de las palabras 10. uso de mayúsculas y minúsculas (p. ej., nombres propios, títulos y comienzo de las oraciones) 11. uso de las contracciones de una preposición y un artículo (p. ej., a el, al; de el, del) 12. uso de la puntuación (p. ej., comas en una serie o en apositivos y otros elementos no esenciales, signos iniciales y finales y puntuación correcta para la separación de cláusulas) • puede contener algunos errores en las reglas y convenciones del lenguaje, pero no interfieren en la comprensión; en general, el uso estándar está al nivel que se requiere para escribir un borrador sobre un tema dado.

RESPUESTAS Y EJEMPLOS

Razonamiento a través de las Artes del Lenguaje 1: Tatuajes, páginas 6–9

EJEMPLO DE RESPUESTA

En su artículo sobre los tatuajes, Ron Johnson analiza las razones por las que uno debería considerar hacerse un tatuaje. En el artículo de Leeanne Padowski, se argumenta en contra de hacérselos. **El artículo de Padowski es el mejor porque Johnson es parcial y Padowski tiene mejores evidencias para respaldar sus afirmaciones.**

El argumento de Johnson es parcial. En el primer párrafo dice: *"Como tatuador, puedo decirle que existen muchísimas buenas razones para hacerse uno"*. Puesto que su trabajo consiste en hacer tatuajes, quiere convencer a la gente de que se tatúe. No le interesa brindar la información más útil, sino que quiere atraer clientes a su tienda. Sus argumentos son básicamente un discurso promocional.

Además, Padowski usa mejores evidencias para respaldar sus argumentos. La única evidencia que proporciona Johnson es una cita del director ejecutivo de una empresa de consultoría. El resto del artículo se desarrolla en torno a su opinión personal. Le pide al lector que confíe en sus palabras en cuestiones como: *"los artistas del tatuaje de hoy en día trabajan en centros seguros y limpios"*.

Por su parte, Padowski describe evidencias más sólidas. Analiza un *reciente estudio realizado por CareerBuilder* sobre cómo los empleadores no le darían un ascenso a un empleado con un tatuaje visible. Padowski también proporciona información de un *estudio efectuado por la Clínica Mayo.* Este estudio investiga los riesgos de los tatuajes para la salud, una cuestión que Johnson omite casi por completo.

Por último, es claro que Padowski elabora un mejor argumento. Johnson está intentando convencer a la gente de tatuarse porque quiere ganar dinero. Padowski ofrece más y mejores evidencias, entre ellas, dos estudios importantes. Johnson le pide al lector que crea en su palabra de vendedor sin dar mucha información de respaldo.

NOTAS

- El primer párrafo introduce el tema.
- La tesis (argumento) está en negrita.
- Los criterios para evaluar la evidencia están subrayados.
- La evidencia específica del texto que apoya los argumentos está en cursiva.
- La organización se demuestra en la estructura de los párrafos. Primero, se analizan las evidencias de Johnson y luego, se comparan con las de Padowksi.
- Las frases de transición, como *además, por su parte* y *por último*, relacionan a los párrafos entre sí.
- Se demuestra el conocimiento del público objetivo al escribir en un estilo formal.
- El propósito se demuestra en el párrafo de la conclusión, donde se resume el argumento y las razones.

RESPUESTAS Y EJEMPLOS

2: Salario mínimo, páginas 10-13

HAGAMOS QUE EL SALARIO MÍNIMO SEA UN SALARIO JUSTO

Tesis: El gobierno de los Estados Unidos debería aumentar el salario mínimo.

Fortalezas	Debilidades
Postulado 1: Elevar el salario mínimo mejora la economía de los Estados Unidos.	
• Estudio de 2011 del Banco de la Reserva Federal de Chicago • Estudio de 2014 sobre el crecimiento del empleo	No hay datos de la fuente del estudio de 2014
Postulado 2: Aumentar el salario mínimo ayuda a la clase trabajadora de menos recursos de los Estados Unidos.	
• Estudio de la Universidad de Massachusetts Amherst • Estudio de 2014 del Centro para el Progreso de los Estados Unidos	

(Este es el argumento más corto y solo tiene dos postulados, en lugar de tres como la opinión contraria).

MANTENER EL SALARIO MÍNIMO TAL COMO ESTÁ

Tesis: Aumentar el salario mínimo termina perjudicando a las mismas personas que se supone que ayudaría: los trabajadores.

Fortalezas	Debilidades
Postulado 1: Aumentar el salario mínimo resultará un desastre para los trabajadores.	
Informe de 2014 de la Oficina de Presupuesto del Congreso	
Postulado 2: Aumentar el salario mínimo perjudicará a las pequeñas empresas.	
Estudio de la Fundación de Investigación de la Federación Nacional de Empresas Independientes	
Postulado 3: Aumentar el salario mínimo perjudicará a los consumidores y a la economía.	
Argumento lógico sobre cómo el aumento del salario mínimo afectaría a la economía	

RESPUESTAS Y EJEMPLOS

3: Videojuegos violentos, páginas 14–17

LOS VIDEOJUEGOS VIOLENTOS PERJUDICAN A NUESTROS HIJOS		LOS VIDEOJUEGOS VIOLENTOS SON UNA DIVERSIÓN INOFENSIVA	
Tesis: Los videojuegos violentos deberían prohibirse.		Tesis: Los videojuegos violentos no generan violencia en los jóvenes y no deberían ser prohibidos.	
Fortalezas	**Debilidades**	**Fortalezas**	**Debilidades**
Argumento 1: Existe una relación directa entre los videojuegos violentos y la conducta violenta en los jóvenes.		**Argumento 1: No se ha comprobado que exista un vínculo entre los videojuegos violentos y la violencia en los jóvenes.**	
Ejemplos de los atacantes en Columbine, Sandy Hook y Aurora	En ninguno de los tres argumentos se mencionan estudios científicos para apoyar los postulados	Disminución de la violencia en los jóvenes entre 1995 y 2008 mientras aumentó la venta de videojuegos	
Argumento 2: El ejemplo directo de Devin Moore muestra un vínculo entre jugar un videojuego violento y cometer un asesinato en la vida real.		**Argumento 2: Los atacantes de las escuelas tenían un interés mayor en las películas, libros y artículos escritos por ellos mismos que en los videojuegos violentos.**	
Descripción de la influencia del juego Grand Theft Auto sobre Devin Moore		Estudio de 2004 del Servicio Secreto de los Estados Unidos	
Argumento 3: El ejército usa juegos violentos para entrenar a los soldados.		**Argumento 3: Nuestros hijos entienden la diferencia entre la fantasía y la realidad.**	
• Virtual Battlespace 2 se usa para entrenar soldados • Los entrenadores militares suelen afirmar que los videojuegos les enseñan a los soldados a pensar y a cómo hacerlo	No se incluye ninguna cita	• Este argumento señala que los videojuegos ayudan a los jóvenes a liberar la agresión y a aprender a controlar sus emociones • La aparición de nuevos medios de comunicación no generó un aumento de la violencia en los jóvenes	No se proporcionan fuentes para la opiniones del autor

4: Exámenes para detectar drogas, páginas 18–21

LOS BENEFICIARIOS DE PRESTACIONES SOCIALES DEBERÍAN SER SOMETIDOS A EXÁMENES PARA DETECTAR DROGAS

Tesis: Cualquiera que reciba beneficios sociales debería someterse a un examen para detectar drogas para poder obtenerlos.

Fortalezas	Debilidades
Argumento 1: Someter a los beneficiarios de prestaciones sociales a exámenes para detectar drogas ayudará a los consumidores a superar sus problemas de adicción.	
Argumento lógico sobre cómo los consumidores de drogas podrían obtener tratamiento, lo cual mejoraría su capacidad de conseguir empleo	
Argumento 2: Someter a los beneficiarios de prestaciones sociales a exámenes para detectar drogas garantizará que los beneficios no se usen indebidamente.	
Argumento lógico sobre garantizar que el dinero de la asistencia social se asigne a quien más lo necesita	Se apela a las emociones sobre ayudar a los niños
Argumento 3: Someter a los beneficiarios de prestaciones sociales a exámenes para detectar drogas ayudará a los programas de asistencia social a ahorrar dinero.	
Estudio de 2007 de la fundación Robert Wood Johnson	

DIGA NO A LOS EXÁMENES PARA DETECTAR DROGAS

Tesis: Los beneficiarios de prestaciones sociales no deberían someterse a exámenes para detectar drogas.

Fortalezas	Debilidades
Argumento 1: Los exámenes para detectar drogas son inconstitucionales.	
• Argumento de la cuarta enmienda que establece que debe existir una sospecha para hacer una inspección • Dictamen de tribunal de apelaciones	
Argumento 2: Los exámenes para detectar drogas generan estereotipos sobre los beneficiarios de programas sociales.	
Estudio de 2012 de Urban Institute	
Argumento 3: Los exámenes para detectar drogas no ahorran dinero.	
Ley de 2011 de Florida sobre los exámenes para detectar de drogas	Ley en vigencia durante solo cuatro meses

RESPUESTAS Y EJEMPLOS

5: Marihuana medicinal, páginas 22–25

MARIHUANA MEDICINAL: LA CURA ES PEOR QUE LA ENFERMEDAD

Tesis: La marihuana medicinal no se debe usar para tratar los problemas médicos de los pacientes.

Argumento 1: Por lo general, la marihuana se consume fumándola y fumar provoca problemas en la salud.

Fortalezas:

- Advertencia del director de Salud Pública desde 1964
- El humo de marihuana tiene más sustancias químicas cancerígenas que el tabaco
- Los consumidores de marihuana inhalan el humo más profundamente que el tabaco
- Argumento lógico sobre no pedirles a los pacientes que fumen opio o mastiquen la corteza de un sauce

Debilidades:

- No hay fuentes que digan que el humo de la marihuana tiene más sustancias químicas cancerígenas
- No hay fuentes que demuestren que el humo de la marihuana se inhala más profundamente

Argumento 2: La marihuana tiene otros riesgos para la salud.

Fortalezas:

- La marihuana tiene más de 400 sustancias químicas, algunas de ellas tóxicas
- La marihuana altera las funciones cerebrales

Debilidades:

No se citan fuentes para ninguna de estas afirmaciones

Argumento 3: El gobierno de los Estados Unidos clasifica la marihuana como una droga del listado I.

Fortalezas:

El gobierno de los Estados Unidos todavía la clasifica como una droga del listado I en virtud de la Ley de Sustancias Controladas

LA MARIHUANA MEDICINAL ES UNA BUENA IDEA

Tesis: La marihuana medicinal se debe usar para ayudar a los pacientes.

Argumento 1: La marihuana medicinal proporciona alivio a los pacientes.

Fortalezas:

Estudios que demuestran que ayuda a los pacientes con cáncer y SIDA

Debilidades:

- No hay fuentes sobre los estudios
- El inicio apela a las emociones

Argumento 2: La marihuana no necesariamente se debe fumar.

Fortalezas:

- La marihuana se puede consumir de otras maneras en lugar de fumarse
- La carta contradice el argumento de que la marihuana se debe fumar
- Fumar a corto plazo no es perjudicial

Argumento 3: Decir que la marihuana es una droga psicoactiva es una táctica para infundir el miedo.

Fortalezas:

- Explica qué significa el término "psicoactivo"
- Ofrece un contrargumento a los miedos sobre las drogas psicoactivas
- Evidencias del Dr. Gupta
- Ofrece un contrargumento sobre por qué la marihuana está clasificada como una droga del listado I

6: Leyes sobre el porte de armas ocultas, páginas 26–29

NO PERDAMOS EL CONTROL CON LAS LEYES SOBRE EL PORTE DE ARMAS OCULTAS

Tesis: Las leyes sobre el porte de armas ocultas son una pésima idea.

Fortalezas	Debilidades
Argumento 1: Las leyes sobre el porte de armas ocultas no reducen ni previenen los delitos.	
• Encuesta de delincuentes condenados • Estudio de 1995 sobre homicidios cometidos con armas • Estudio durante 33 años sobre el porte de armas ocultas	• La encuesta de delincuentes condenados no tiene fecha ni fuente • El estudio de 1995 está desactualizado • El estudio de 33 años no tiene fecha ni fuente
Argumento 2: El porte de armas ocultas permite que las discusiones se transformen en situaciones mortíferas.	
Dos ejemplos bien conocidos de cómo el porte de armas ocultas provocó más violencia	
Argumento 3: Las leyes sobre el porte de armas ocultas son una amenaza para la seguridad pública.	
Los ejemplos de los estados demuestran que no se requiere nada o casi nada de entrenamiento	

LAS LEYES SOBRE EL PORTE DE ARMAS OCULTAS SALVAN VIDAS

Tesis: La evidencia respalda firmemente las leyes sobre el porte de armas ocultas.

Fortalezas	Debilidades
Argumento 1: El porte de armas ocultas reduce los delitos.	
• Estudio del FBI de 2000 • Argumento lógico sobre la perspectiva de un criminal • Cita del jefe de policía de Detroit	¿Fuente creíble? Detroit ha tenido una tasa de delitos muy mala y el último párrafo denota que el tiempo promedio de respuesta es insatisfactorio
Argumento 2: El porte de armas ocultas es un derecho constitucional.	
• Derecho de la segunda enmienda • Dos fallos del tribunal de apelaciones de los Estados Unidos apoyan el porte de armas ocultas	
Argumento 3: El porte de armas ocultas detiene la violencia armada.	
• Artículo del *Wall Street Journal* • Ejemplo de Jeanne Assam en un tiroteo en una iglesia de Colorado	

RESPUESTAS Y EJEMPLOS

7: Leyes sobre la identificación de los votantes, páginas 30–33

LA IDENTIFICACIÓN DE LOS VOTANTES EVITA EL FRAUDE ELECTORAL

Tesis: Deberíamos exigir identificación con foto a los votantes durante las elecciones.

Fortalezas	Debilidades
Argumento 1: El fraude electoral es un problema real.	
• Ejemplos de fraude electoral • La Corte Suprema apoyó el uso de identificación para los votantes • Ejemplo de una elección con poco margen de diferencia que podría haber sido afectada por el fraude	La evidencia sobre fraude electoral no tiene fuentes
Argumento 2: Las identificaciones con foto son necesarias para la vida moderna.	
• Ejemplos en los que se necesitan identificaciones con foto • Los estados proporcionan identificación con foto a los votantes que no la tienen • Encuesta revela que pocos votantes no tienen identificación	• Incluso si se ofreciera una identificación gratis, sería difícil para la persona obtenerla (viajar, tomarse tiempo libre en el trabajo) • La evidencia sobre la encuesta no tiene fuentes
Argumento 3: La identificación de los votantes no perjudica las tasas de votación de las minorías.	
Evidencia de Georgia revela que la participación de los votantes aumentó tras aprobarse la ley sobre identificación de los votantes	Ejemplo de un solo estado

LAS LEYES SOBRE IDENTIFICACIÓN DE LOS VOTANTES NO PERMITEN QUE LAS PERSONAS REALES VOTEN

Tesis: La identificación con foto discrimina a las minorías y a los pobres.

Fortalezas	Debilidades
Argumento 1: Muchos estadounidenses no tienen una identificación para votar.	
Encuesta del Centro Brennan de 2006	
Argumento 2: Las leyes sobre identificación de votantes no permiten que los estadounidenses reales voten.	
Ejemplo de Viviette Applewhite	Esto apela a las emociones
Argumento 3: Las leyes sobre identificación de los votantes ayudan a los republicanos porque evitan que los demócratas voten.	
Argumento lógico de por qué los republicanos apoyan estas leyes	No se proporcionan fuentes; parece más una opinión personal o una jugada política

8: Fractura hidráulica, páginas 34-37

FRACTURA HIDRÁULICA: LA SOLUCIÓN ENERGÉTICA PARA LOS ESTADOS UNIDOS		LAS PELIGROSAS PRÁCTICAS DE FRACTURA HIDRÁULICA DAÑAN EL MEDIO AMBIENTE	
Tesis: La fractura hidráulica es esencial para el futuro de los Estados Unidos.		Tesis: La fractura hidráulica es peligrosa para el medio ambiente y debería prohibirse.	
Fortalezas	**Debilidades**	**Fortalezas**	**Debilidades**
Argumento 1: La fractura hidráulica mejora la seguridad energética de los Estados Unidos.		**Argumento 1: La fractura hidráulica reduce el suministro de agua.**	
Argumento lógico sobre cómo aumentar el suministro nacional implica menos importaciones de petróleo de países inestables		Ejemplo de cuánta agua se usa	Las estadísticas no tienen fuentes
Argumento 2: La fractura hidráulica supone enormes beneficios económicos.		**Argumento 2: La fractura hidráulica contamina el agua.**	
Estadísticas sobre puestos de trabajo, aumento del empleo y recaudación de impuestos	Las estadísticas no tienen fuentes	• Los ejemplos muestran la cantidad y el tipo de productos químicos usados en la fractura hidráulica • Estudio sobre contaminación con metano	No hay información sobre la fecha o fuente del estudio
Argumento 3: La fractura hidráulica genera crecimiento de la manufactura.		**Argumento 3: La fractura hidráulica contamina el aire.**	
• Cita del subsecretario para el Crecimiento Económico, Energía y Medio Ambiente de los Estados Unidos • Estimación para el aumento de empleos en la industria manufacturera	Las estadísticas sobre el aumento de empleos en la industria manufacturera no tienen fuentes	Ejemplos de cómo la fractura hidráulica contamina el aire	Esta información no tiene fuente
Argumento 4: La fractura hidráulica no contamina las aguas subterráneas.			
• Se contradice el argumento de que la fractura hidráulica contamina las aguas subterráneas • Se contradice el argumento sobre la cantidad de sustancias químicas usadas en la fractura hidráulica (99.5 por ciento de agua y arena) • Se explica cómo las compañías protegen el medio ambiente	No se proporcionan fuentes sobre cómo las compañías protegen el medio ambiente; parece que la información proviniera directamente de una compañía petrolera u otra fuente parcial		

RESPUESTAS Y EJEMPLOS

9: Libros de texto electrónicos, páginas 38–41

MEMORANDO DEL DR. AKUA ADU

Tesis: Nuestro distrito escolar debería adoptar los libros de texto electrónicos.

Fortalezas	Debilidades
Argumento 1: Los libros de texto tradicionales son costosos, tienen una vida útil corta y rápidamente pierden vigencia.	
Ejemplos de tres problemas que plantean los libros de texto tradicionales	
Argumento 2: Los libros de texto electrónicos evitan los problemas que conllevan los libros de texto impresos y mejoran el aprendizaje estudiantil.	
• Informe de la FCC de 2012 • Ejemplos de cómo los libros de texto electrónicos se pueden actualizar rápidamente • Ejemplos de cómo los libros de texto electrónicos ayudan a los estudiantes a aprender • Estudio del Departamento de Educación sobre el aprendizaje optimizado	El estudio del Departamento de Educación no tiene fecha

DISCURSO EN LA SESIÓN INAUGURAL DE LAS ESCUELAS DE SUN CITY

Tesis: Debemos conservar los libros de texto impresos en nuestras escuelas.

Fortalezas	Debilidades
Argumento 1: Los libros de texto electrónicos son más costosos que los impresos.	
Se contradice el argumento de que los libros de texto electrónicos resultan menos costosos cuando se considera la totalidad de los costos	
Argumento 2: Los libros de texto electrónicos tienen problemas.	
• Ejemplos de problemas con los libros de texto electrónicos • Muchos libros de texto todavía no están disponibles en formato electrónico	
Argumento 3: Los libros de texto electrónicos no mejoran el aprendizaje estudiantil.	
• Ejemplos de estudiantes con destrezas limitadas para manejar una computadora y sin acceso a Internet • Ejemplos de cómo los estudiantes intentarán hacer varias tareas a la vez • Estudio académico de 2007 • Se contradice el argumento de que los libros de texto electrónicos mejoran el aprendizaje estudiantil	No se brinda información de la fuente del estudio académico de 2007

10: Debate sobre la lotería, páginas 42–45

LOS GOBIERNOS ESTATALES SE LLEVAN EL PREMIO MAYOR CON LAS LOTERÍAS

Tesis: Las loterías son un excelente beneficio para los gobiernos estatales.

Fortalezas	Debilidades
Argumento 1: Las loterías proporcionan el financiamiento necesario para los gobiernos estatales.	
• Ejemplo de financiamiento de la lotería en Carolina del Norte • Ejemplo de financiamiento de la lotería a nivel nacional	Los datos sobre Carolina del Norte y a nivel nacional no tienen fuentes
Argumento 2: Las loterías son un impuesto voluntario.	
• Argumento lógico sobre cómo la gente prefiere jugar a la lotería en vez de estar obligada a pagar impuestos • Thomas Jefferson apoyó esta idea	Thomas Jefferson vivió hace más de 200 años atrás en una época diferente
Argumento 3: Las loterías ayudan a financiar la educación.	
Tres ejemplos de programas de Georgia financiados por la lotería	

LOS ESTADOS PIERDEN CON LA LOTERÍA

Tesis: Las loterías son una mala idea para los gobiernos estatales.

Fortalezas	Debilidades
Argumento 1: Resulta costoso organizar una lotería.	
• Solo 25 centavos de cada dólar recaudado van a parar a los gobiernos estatales • Se contradice el argumento de que las loterías recaudan enormes cantidades de dinero para los estados	Los datos no tienen fuentes
Argumento 2: Las loterías no aumentan la financiación de la educación.	
• Da ejemplos de cómo los estados gestionan los fondos de la lotería • Se contradice el argumento de que las loterías agregan dinero adicional a los presupuestos educativos	Los datos no tienen fuentes
Argumento 3: Las loterías perjudican a los negocios.	
• Argumento lógico de cómo el dinero que se gasta en la lotería podría destinarse a los negocios • Estudio de un profesor de Holy Cross • Estadística sobre la cantidad de dinero que se juega en la lotería desde 2011	La estadística no tiene fuentes

RESPUESTAS Y EJEMPLOS

11: Renta con opción a compra, páginas 46–49

LA RENTA CON OPCIÓN A COMPRA ES UNA IDEA CONVENIENTE

Tesis: La renta con opción a compra es la mejor manera de obtener lo que quiere ahora mismo

Fortalezas	Debilidades
Argumento 1: La renta con opción a compra es mejor que usar tarjetas de crédito, reservar y pagar en cuotas, o ahorrar.	
Describe por qué la renta con opción a compra es mejor que usar tarjetas de crédito, reservar y pagar en cuotas, o ahorrar	El autor trabaja para una tienda de renta con opción a compra, por lo que es parcial, su opinión es favorable a la renta con opción a compra.
Argumento 2: Pagar es fácil con la modalidad de renta con opción a compra.	
Destaca las fáciles opciones de aprobación previa y pago	• No explica qué significa la aprobación previa • No dice cuánto duran los pagos o cuál sería la tasa de interés
Argumento 3: No hay períodos de espera ni complicaciones con la renta con opción a compra.	
• Resalta que uno puede obtener el producto que desee ahora mismo • Hace parecer que la entrega y el reemplazo son fáciles al compararlos con la compra en otras tiendas	
Argumento 4: Puede cambiar de opinión con la renta con opción a compra.	
Muestra lo fácil que es cambiar los términos del contrato de renta con opción a compra	No menciona qué cargos o intereses se podrían cobrar para cambiar el contrato

¿PAGARÍA 300 POR CIENTO DE INTERÉS POR UN NUEVO TELEVISOR?

Tesis: La renta con opción a compra es una pésima idea para la mayoría de los consumidores

Fortalezas	Debilidades
Argumento 1: La renta con opción a compra es la manera más costosa de comprar un producto.	
• Da un ejemplo específico de un aviso publicitario de una tienda de renta con opción a compra • Se contradice el argumento de que la renta con opción a compra es mejor que usar tarjetas de crédito	
Argumento 2: Los precios en las tiendas de renta con opción a compra son más elevados que en el resto de las tiendas.	
Usa avisos publicitarios específicos para mostrar que las tiendas de renta con opción a compra tienen precios más elevados que las otras tiendas	No menciona específicamente dónde se encontraron los precios más económicos
Argumento 3: Las tiendas de renta con opción a compra generan muchos problemas.	
• Da ejemplos específicos de problemas que se encuentran en las tiendas de renta con opción a venta • Menciona que la organización Better Business Bureau (BBB) recibe miles de quejas	Señala que BBB recibe quejas, pero no menciona si eran justificadas

RESPUESTAS Y EJEMPLOS

12: Estudiar con música, páginas 50–53

ESTUDIAR CON MÚSICA NO PERMITE APRENDER

Tesis: Escuchar música mientras se estudia es un mal hábito que interfiere con la capacidad de aprendizaje de los estudiantes.

Fortalezas	Debilidades
Argumento 1: La biblioteca es ruidosa porque los estudiantes están escuchando música.	
Observación personal basada en una visita a la biblioteca en la que se escuchó todo el ruido	La observación en una sola noche no significa que la biblioteca siempre sea así
Argumento 2: Escuchar música es parte de hacer varias tareas a la vez, algo que perjudica el aprendizaje de los estudiantes.	
Estudio reciente de una universidad imparcial sobre los malos efectos de hacer varias tareas a la vez	
Argumento 3: La música rápida y con volumen alto interfiere con el aprendizaje.	
Estudio reciente de una universidad imparcial sobre la música rápida y con volumen alto	

LA MÚSICA ME AYUDA A APRENDER

Tesis: Escuchar música mientras se estudia ayuda a los estudiantes a aprender y debe continuar estando permitido en la biblioteca.

Fortalezas	Debilidades
Argumento 1: La música me calma y me permite estudiar.	
Ejemplo personal que muestra cómo la música la calma	Solo da un ejemplo personal; es posible que otros estudiantes no sientan lo mismo
Argumento 2: La música mantiene a los estudiantes concentrados y despiertos.	
Proporciona ejemplos específicos sobre cómo la música mantiene a determinados estudiantes concentrados y despiertos	La autora solo conoce a un pequeño número de estudiantes y no puede hablar por todos ellos
Argumento 3: Prohibir la música en la biblioteca no resolverá el problema.	
Describe un estudio reciente de una universidad imparcial que demuestra que escuchar música es mejor que oír ruido fuerte de fondo	Supone lo que podrían hacer los estudiantes (estudiar en áreas ruidosas); no demuestra que lo harán

RESPUESTAS Y EJEMPLOS

13: Vacunación, páginas 54–57

VACUNAS: UN DAÑO MÉDICO OCULTO

Tesis: Los padres nunca deberían vacunar a sus hijos.

Fortalezas	Debilidades
Argumento 1: A los niños se les dan demasiadas vacunas.	
Información de los CDC que demuestra un aumento en el cronograma de vacunas	• No hay fuentes para las afirmaciones de que las compañías farmacéuticas influyen en los CDC • No hay fuentes para la información sobre las ganancias de las compañías farmacéuticas
Argumento 2: Las vacunas contienen sustancias perjudiciales.	
• Afirma que existe una relación entre las vacunas y las enfermedades infantiles graves • Menciona 20 estudios que demuestran que hay una relación entre las vacunas y el autismo	• La relación entre las sustancias químicas de las vacunas y las enfermedades no tiene fuentes • Los 20 estudios que muestran que hay una conexión con el autismo no tienen fuentes
Argumento 3: Desde el punto de vista del desarrollo, los niños no están preparados para las vacunas.	
Proporciona un argumento lógico sobre cómo los niños no están preparados para las vacunas desde el punto de vista del desarrollo	Esta afirmación no tiene fuentes

LAS VACUNAS SALVAN VIDAS

Tesis: Todos los padres deberían vacunar a sus hijos.

Fortalezas	Debilidades
Argumento 1: Las vacunas salvan vidas y previenen enfermedades.	
Un estudio reciente de una agencia gubernamental imparcial que muestra los efectos positivos de las vacunas	
Argumento 2: Las vacunas contienen pequeñas dosis de sustancias químicas, pero son seguras.	
Se contradice el argumento de que las sustancias químicas en las vacunas no son seguras	Admite que hay componentes químicos posiblemente peligrosos en las vacunas
Argumento 3: La correlación entre la vacuna MMR y el autismo no significa que la vacuna provoque el trastorno.	
• Usa la lógica para demostrar que solo porque dos cosas estén relacionadas no significa que una provoca que la otra suceda • Estudio de 2015 de la Asociación Médica Estadounidense; estudio reciente de una fuente confiable • Desacredita el estudio de 1994 sobre las vacunas y el autismo	No se brinda información de la fuente sobre cómo se desacreditó el estudio del autismo de 1994

RESPUESTAS Y EJEMPLOS

14: Requisito de álgebra, páginas 58–61

EL ÁLGEBRA EQUIVALE AL ÉXITO

Tesis: El álgebra debería ser un requisito de graduación para todos los estudiantes.

Fortalezas	Debilidades
Argumento 1: El álgebra es necesaria para que los niños alcancen el éxito en un mundo en constante cambio.	
• Afirmación sobre la cambiante fuerza laboral • Datos de la Universidad de Georgetown sobre la importancia de la educación para las futuras vacantes de empleo • Afirmación de que el álgebra es necesaria para las matemáticas de nivel superior y la educación postsecundaria	• No hay datos de la fuente de información sobre la cambiante fuerza laboral • No hay datos de la fuente de información sobre las matemáticas de nivel superior y la educación postsecundaria
Argumento 2: Dado que el álgebra es difícil, ayuda a los estudiantes a aprender a razonar y a formar su personalidad.	
Afirmación de que tomar álgebra ayuda a los estudiantes a aprender a razonar y a formar su personalidad	No se brinda información de la fuente para esta afirmación
Argumento 3: El álgebra ayuda a todos los niños a triunfar.	
Afirmación lógica de que el álgebra les da a los estudiantes las herramientas para triunfar	No se brinda información de la fuente para esta afirmación

X EQUIVALE A "NO"

Tesis: El álgebra no debería ser un requisito de graduación para todos los estudiantes.

Fortalezas	Debilidades
Argumento 1: No deberíamos tratar a todos los estudiantes de la misma manera.	
• Formula una afirmación lógica de que cada estudiante es único, por lo que no todos se deberían tratar de la misma manera • Afirmación de que no todas las opciones educativas requieren conocimientos de álgebra	No se brinda información de la fuente para la afirmación sobre las opciones educativas
Argumento 2: Para la mayoría de los empleos no es necesario saber álgebra.	
Estudio reciente sobre las matemáticas en el lugar de trabajo	No se brinda información de la fuente del estudio de 2012 sobre las matemáticas en el lugar de trabajo
Argumento 3: Exigir conocimientos de álgebra aumenta la tasa de deserción de la escuela preparatoria y la universidad.	
Formula una afirmación lógica de que el álgebra provoca que los estudiantes decidan abandonar la escuela preparatoria y la universidad.	No se brinda información de la fuente sobre la deserción escolar

15: Reciclaje obligatorio, páginas 62–65

EJEMPLO DE RESPUESTA

En su discurso, la alcaldesa Lin sostiene que la ciudad de Hope Valley debería adoptar el reciclaje obligatorio porque ahorra espacio en los vertederos, ahorra dinero y es fácil de implementar. Por su parte, Wilfred Grimly afirma que el reciclaje obligatorio es una mala idea porque es una costosa pérdida de tiempo y contradice a los valores estadounidenses. **El discurso de la alcaldesa Lin es el mejor de los dos argumentos porque usa argumentos lógicos basados en estadísticas y el modelo de un programa de reciclaje que tiene buenos resultados.** Wilfred Grimly solo parece que estuviera despotricando, dejándose llevar por sus emociones.

La alcaldesa Lin elabora cuidadosamente su argumento mediante la lógica fundamentada con estadísticas. Usa como modelo el programa de reciclaje obligatorio de Seattle que ha resultado exitoso. *Cita estadísticas de Seattle mostrando cómo se reducirán los desechos en los vertederos* al usar el reciclaje obligatorio. La alcaldesa también *muestra estimaciones de cuánto dinero podrá ahorrar y ganar la ciudad de Hope Valley con el reciclaje*. Además, describe *lo fácil que será implementar y aplicar el programa*. Escuchar el plan claro y sencillo de la alcaldesa que fundamenta con hechos y estadísticas me da confianza de que el plan de reciclaje obligatorio será lo mejor para Hope Valley.

En vez de presentar un sólido argumento sustentado con hechos, el discurso de Wilfred Grimly solo está basado en sus opiniones. Señala los *elevados costos del programa de reciclaje de San Francisco*, pero nunca dice de qué fuente obtuvo la información. Sí *menciona un estudio del Instituto Cato*, pero dado que *es de la década de 1990* esa información podría estar desactualizada desde hace 25 años. Menciona *otros estudios más recientes*, sin embargo, tampoco da información sobre las fuentes. Sin ninguna prueba, realmente nos pide que creamos en su palabra.

Asimismo, durante gran parte del discurso, Wilfred Grimly parece estar despotricando. Utiliza frases emocionales, como "*sencillamente una locura*", en lugar de elaborar un argumento. Wilfred Grimly considera que el *reciclaje obligatorio es solo el primer paso en un proceso que conducirá al gobierno a adueñarse de la libertad de la gente*. Cree que el *reciclaje obligatorio provocará, en última instancia, que el gobierno obligue a la gente a usar hilo dental y tendrá al ratoncito Pérez encargado de hacer cumplir la ley*. Esta es una afirmación muy enfática, que no puede respaldar con ninguna evidencia lógica.

Por último, es evidente que el argumento de la alcaldesa Lin es mucho mejor que el de Wilfred Grimly. La alcaldesa elabora argumentos lógicos usando hechos y estadísticas. En tanto, Wilfred Grimly se vale de sus emociones y de su propia opinión. Si yo viviera en Hope Valley y escuchara estos dos discursos, definitivamente estaría del lado de la alcaldesa Lin y apoyaría el reciclaje obligatorio porque dio un discurso más sólido.

NOTAS

- El primer párrafo introduce el argumento.
- La tesis (argumento) está en negrita.
- Los criterios para evaluar la evidencia están subrayados.
- La evidencia específica del texto está en cursiva.
- La organización se demuestra en los párrafos centrales, donde se analiza el argumento de la alcaldesa Lin y luego, el de Wilfred Grimly.
- Las frases de transición, como *en lugar de*, *asimismo* y *por último*, relacionan a los párrafos entre sí.
- La evidencia de los pasajes se parafrasea (se explica con las propias palabras del escritor).
- El ensayo tiene cinco párrafos y 405 palabras.
- Se demuestra el conocimiento del público objetivo y el propósito con una conclusión que resume el argumento.

RESPUESTAS Y EJEMPLOS

Ciencias

1: Ley de conservación del momento, páginas 68-69

Ejemplo de respuesta: La tabla de datos muestra que la mayor pérdida de momento se produjo en el ensayo en el patio de la escuela. La siguiente pérdida mayor fue en el ensayo en concreto. Es decir que la suavidad (falta de fricción de la superficie) parece ser un factor importante. La próxima vez, todos los ensayos deberían usar el mismo tipo de superficie. Quizá podrían usar una superficie como la de un juego de hockey de mesa, donde hay muy poca fricción. También ayudaría usar un equipo que le daría a la $esfera_1$ una velocidad constante. Esto aseguraría que se detenga inmediatamente y transfiera el momento a la $esfera_2$. También controlaría la dirección de la esfera, para que todo el momento se transfiera a lo largo de una línea recta.

2: Estudio sobre el choque de puños, páginas 70–71

Ejemplo de respuesta: La hipótesis original es que el apretón de manos trasmite más bacterias que el choque de palmas o de puños. Una hipótesis más general sería que se transfieren más bacterias con un contacto más prolongado entre las personas o que se transfieren más bacterias con un área mayor de contacto.

3: Ensayo con EZ Slim, páginas 72–73

Ejemplo de respuesta: Una fortaleza fue que los investigadores usaron un grupo de control para comparar (con y sin producto). La mayor debilidad fue que no había en realidad dos condiciones, sino tres: (1) tomar el producto y comer con moderación, (2) no tomar el producto, pero comer con moderación, y (3) no tomar el producto y comer todo lo que la persona quisiera. Si la tercera condición, en vez de la segunda, se aplicara al grupo de comparación, entonces había al menos una variable confusa (una condición que debería haber sido la misma para ambos grupos, pero no lo fue).

4: Disruptores endócrinos, páginas 74–75

Ejemplo de respuesta: El diseño probablemente usará como modelo la investigación de la atrazina y se enfocará en uno de los posibles disruptores endócrinos mencionados. Los diseños deberían incluir lo siguiente: una hipótesis comprobable con una variable definida e independiente (una cambiada por el investigador, por ej.: con BPA o sin BPA) y una variable dependiente (los resultados, por ej.: área de la laringe); información acerca de los métodos y materiales (por ej.: 30 renacuajos en una pecera); información sobre las variables controladas (condiciones que se mantienen iguales en todos los grupos, por ej.: temperatura, iluminación); y una tabla de datos en blanco para registrar las observaciones.

5: Vehículos de pila de combustible, páginas 76–77

Ejemplo de respuesta: Los vehículos de pila de combustible no contaminan mientras están en funcionamiento. El único producto derivado de la reacción de la pila de combustible es el agua. Esto podría resultar un beneficio real en muchas ciudades, donde ya existe una gran contaminación atmosférica.

6: Hepatitis E, páginas 78–79

Ejemplo de respuesta: El muestro es la selección de una parte representativa (la muestra) de un grupo más grande (por ej.: una población) con el objetivo de aprender algo que se puede aplicar al grupo mayor. La técnica de muestreo usada en el estudio inglés fue la muestra de conveniencia, no aleatoria. Si bien no es tan exacta como el muestreo aleatorio, la muestra de conveniencia permitió a los investigadores estimar la prevalencia general del virus.

7: Narcolepsia, páginas 80–81

Ejemplo de respuesta: Información que respalda: El texto señala que los investigadores de Stanford descubrieron que las células T del sistema inmunológico atacan y destruyen las neuronas del cerebro que elaboran la orexina y que estos ataques son más fuertes en personas con narcolepsia que en las que no padecen la enfermedad. Asimismo, otras investigaciones detectaron que las células T atacan un fragmento de una proteína en particular que es similar al de un microbio que puede enfermar a las personas. Información que cuestiona: El texto dice que los investigadores de Stanford replicaron el experimento, pero no hallaron una respuesta autoinmune más fuerte en las células T en personas con narcolepsia en comparación con personas que no padecían la enfermedad.

8: Movimiento de proyectiles, páginas 82-83

Ejemplo de respuesta: La distancia es pequeña cuando el ángulo es demasiado pequeño o demasiado grande. Los ángulos entre 40 y 50 grados producen las mayores distancias.

9: Reacción de bicarbonato, páginas 84-85

$NaHCO_3 + H_2O + HCl \rightarrow NaCl + 2H_2O + CO_2$

o

$NaHCO_3 + HCl \rightarrow NaCl + H_2O + CO_2$

10: Energía cinética, páginas 86-87

Ejemplo de respuesta: El contrapeso es una masa unida a un cable que pasa por arriba de una polea y se conecta a un tranvía. La masa se halla en la cima de la colina cuando el tranvía está al pie de la misma. La masa tiene energía potencial debido a su posición. A medida que el tranvía sube, la masa baja a causa de la gravedad. A medida que la masa baja, pierde energía potencial y gana energía cinética, porque se conserva la energía. La energía cinética en el sistema de polea también empuja el tranvía hacia arriba de la colina. Se requiere una cierta cantidad de trabajo para que el tranvía suba la colina. Parte de ese trabajo lo realiza la energía cinética del sistema de cables, por lo que se necesita menos energía eléctrica.

11: Agua potable en Toledo, páginas 88-89

Ejemplo de respuesta: La población de Toledo probablemente crecerá, es decir que se verterán incluso más nutrientes en el lago Erie. Como resultado, las alertas de agua tóxica serán más frecuentes.

12: Diagramas de cuerpo libre, páginas 90-91

Ejemplo de respuesta: La opción B muestra que el objeto se mueve solamente en sentido horizontal hacia la izquierda. La opción A muestra a un objeto que se mueve hacia la izquierda y hacia arriba a la vez. La opción C muestra a un objeto que no se está moviendo, porque todas las fuerzas suman 0. La opción D muestra a un objeto que se mueve en línea recta hacia abajo porque la suma de las fuerzas horizontales es 0, pero la suma de las fuerzas verticales es −80 N.

13: Ejercicio y músculos, páginas 92-93

Ejemplo de respuesta: Subir y bajar las escaleras en un estadio durante 20 minutos por día aumentará mi frecuencia cardíaca durante al menos 20 minutos. Esta actividad bombeará cantidades de oxígeno y energía superiores a lo normal a los músculos de mis pantorrillas, lo que les permitirá trabajar con más fuerza. También eliminará grandes cantidades de dióxido de carbono de los músculos, lo que les permitirá trabajar por más tiempo. Los músculos se fortalecen más con el uso, es decir que el ejercicio cardiovascular fortalecerá los músculos de mis pantorrillas.

14: Deterioro del arrecife de coral, páginas 94-95

Ejemplo de respuesta: La producción de energía ha generado más contaminación por dióxido de carbono, lo que provoca rápidos cambios en el nivel del mar y la temperatura, así como tormentas de mayor intensidad y acidificación del océano. Podríamos revertir el deterioro del coral al generar energía de maneras más ecológicas, como la energía solar y eólica.

15: Índice de calidad del aire, páginas 96-97

Ejemplo de respuesta: La variable dependiente es el riesgo relativo de cardiopatía. La variable dependiente *depende* de la variable independiente. Aquí el riesgo depende de la energía gastada en un ejercicio intenso. (La tendencia es que el riesgo disminuye a medida que el gasto de energía aumenta, para la mayoría de los valores energéticos).

16: La teoría de la diversión, páginas 98-99

Diseño experimental: La hipótesis es que hacer que las escaleras sean más divertidas de usar transformándolas en teclas de un piano aumentará el número de personas que usen las escaleras convencionales, en vez de las escaleras mecánicas. Transformar las escaleras de la salida este o la salida oeste en teclas de un piano gigante como el grupo experimental y dejar la otra salida tal como está como el grupo de control.

Procedimiento para la recopilación de datos: Disponer investigadores en ambas salidas para que cuenten el número total de personas que usan las escaleras convencionales y el número de personas que usan las escaleras mecánicas en un período de dos semanas.

Criterios para la evaluación de la hipótesis: Comparar el número total de personas que usaron las escaleras convencionales con el número de personas que optaron por las escaleras mecánicas en la salida este u oeste. Si más personas usan las escaleras convencionales en la salida donde se colocaron las teclas del piano gigante, la hipótesis de que hacer que las escaleras de sean divertidas de usar es correcta.

17: Sistema único de reciclaje, páginas 100-101

Diseño experimental: La hipótesis es que al usar un sistema único de reciclaje se obtienen más libras totales de desechos reciclables que con el reciclaje selectivo. Dado que todas las sucursales de la compañía tienen la misma cantidad de empleados, se eligen dos de las oficinas al azar para llevar a cabo el experimento. Una oficina será el grupo de control y continuará con el reciclaje selectivo. En la otra oficina, que será el grupo experimental, se reemplazarán los cestos de basura con botes de reciclaje del sistema único de reciclaje.

Procedimiento para la recopilación de datos: En ambas oficinas se recoge y pesa la cantidad total de papel, plástico y metal reciclado durante un mes.

Criterios para la evaluación de la hipótesis: Se compara el total de desechos reciclables de ambos sistemas para ver con cuál se obtiene una cantidad mayor. Si se obtienen más libras totales con el sistema único de reciclaje, la hipótesis es correcta.

18: La fractura hidráulica y los problemas en la salud, páginas 108–109

De las ocho sustancias químicas presentadas en la tabla, seis muestran aumentos considerables en el período entre 2005 y 2015:

Cloruro de vinilideno	Metanol
Sorbitol	Propanotriol
Borato de sodio	Nitrilotrietanol

Esto fundamenta la opinión de que hay mayores niveles de sustancias químicas tóxicas en el suministro de agua de Williston.

19: Cambio climático, páginas 104–105

Ejemplo de respuesta: El equipo de la Universidad de Phenell obtuvo resultados diferentes por la forma en que analizó y ajustó los datos de la JMA. Sus modelos estadísticos completaron los datos de los océanos Ártico y Antártico e indicaron que se están calentando con más rapidez que el resto de la Tierra. También ajustaron los datos recopilados en un período de 60 años basados en técnicas modernas de recopilación de datos. Estos dos ajustes condujeron a una temperatura promedio más alta.

20: La Niña y las inclemencias climáticas, páginas 106–107

Ejemplo de respuesta: La predicción de que habrá más tormentas de granizo y oleadas de tornados en el sur de Estados Unidos que lo que indican los promedios a largo plazo es correcta porque los tres estados del sur mostraron un aumento de inclemencias climáticas.

La predicción de que habrá menos tormentas de granizo y oleadas de tornados en el medio oeste de Estados Unidos que lo que indican los promedios a largo plazo no es correcta porque los tres estados mostraron un aumento de inclemencias climáticas.